Ulla-Lena Lundberg, 1947 auf den finnischen Ålandinseln geboren, Ethnologin und eine der wichtigsten Schriftstellerinnen der finnlandschwedischen Literatur, wurde mehrfach mit Preisen in Finnland und Schweden ausgezeichnet.

Bevor du auf große Reise gehst, lies dieses Buch ...

Wir danken dem FILI (Finish Literature Information Centre)
für die finanzielle Unterstützung der Übersetzung.

Bibliografische Information Der Deutschen Bibliothek

Die Deutsche Bibliothek verzeichnet diese Publikation in der
Deutschen Nationalbibliografie; detaillierte bibliografische Daten
sind im Internet über http://dnb.ddb.de abrufbar.

NATIONAL GEOGRAPHIC ADVENTURE PRESS
Reisen · Menschen · Abenteuer
Die Taschenbuch-Reihe von
National Geographic und Frederking & Thaler

1. Auflage April 2006
© 2006 Frederking & Thaler Verlag GmbH, München
Deutsche Erstausgabe © 2003 J. G. Cotta'sche Buchhandlung
Nachfolger GmbH, gegr. 1659, Stuttgart
© 2003 Ulla-Lena Lundberg
Titel der Originalausgabe: Sibirien. Ett självporträtt med vingar
erschienen bei Söderström & Co Förlags AB 1993
Alle Rechte vorbehalten

Text: Ulla-Lena Lundberg
Fotos: Ulla-Lena Lundberg, außer S. 3 u., S. 8 u.: Lasse J. Laine
Umschlaggestaltung: Dorkenwald Grafik-Design, München
Herstellung: Büro Sieveking, München
Druck und Bindung: Clausen & Bosse, Leck
Printed in Germany
ISBN 3-89405-272-4
www.frederking-thaler.de

Das Papier wurde aus chlorfrei gebleichtem Zellstoff hergestellt.

ULLA-LENA LUNDBERG

SIBIRIEN

SELBSTPORTRÄT MIT FLÜGELN

Aus dem Schwedischen übersetzt
von Karl-Ludwig Wetzig

NATIONAL
GEOGRAPHIC

FREDERKING & THALER

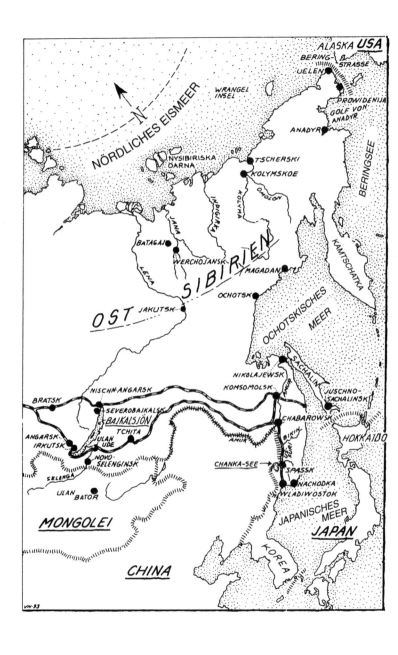

INHALT

EINLEITUNG

Auf dem Jaroslawl-Bahnhof in Moskau traf ich einmal einen Mann, der nicht seinesgleichen hat. Es war, wie von einem Engel berührt zu werden, und das kennzeichnende an Engeln ist, daß sie vorübergehen. Wir reisten zusammen durch Sibirien und hatten fast ein Jahr in Japan; dann trennten wir uns.

Glücklicher als in Sibirien bin ich niemals gewesen. Es dauerte mein halbes Leben, ehe ich zurückkehren konnte. In der Zwischenzeit hatte sich die Welt ein wenig gebessert. Sie bot mir Entschädigungen an, und ich hatte viel nachzuholen.

In den Jahren, die inzwischen vergangen waren, herrschte im nordöstlichen Teil der Welt die Ära Breschnew. Als ich zurückkam, war es die Zeit Gorbatschows. Die kleinen Orte entlang der Bahnlinie sahen sich noch immer merkwürdig gleich, als ob der Stillstand ein Bündnis mit meiner Erinnerung eingegangen wäre. Die modernen Gebäude, die man erst nach meiner Zeit errichtet hatte, waren fast ausnahmslos heruntergekommen und schon wieder im Verfall begriffen. Sie waren wie eine Art Spiegelbild meiner eigenen Kraftlosigkeit während jener Jahre. Wir hatten unsere Stöße abbekommen, und es brauchte seine Zeit.

In jenem September hatte ein Glanz über Sibirien gelegen wie am Anbeginn der Welt. Es regnete nur diesseits des Urals, dann herrschte ein märchenhaftes Licht, ein Goldton, wie ich ihn erst in Afrika wieder gesehen habe. Es blitzte auf den Stahlzähnen der Sowjetbürger im Zug. Alle lächelten mich an, vielleicht weil Glück wirklich etwas Unwiderstehliches ist und es die Einsicht gibt, daß alle Menschen ein Recht auf ihren Augenblick darin haben.

Sie lachten auch, weil der Zug als eine Art langgestrecktes Erholungsheim diente. Während der wochenlangen Reise von Moskau nach Wladiwostok hatten die Menschen Zeit, sich zu erholen, zu essen und zu reden. An mir zeigten sie großes Interesse, weil ich die einzige Ausländerin war, die zweiter Klasse reiste; die beiden anderen waren Erste-Klasse-Passagiere. Wir begegneten uns im Restaurantwagen und bei gegenseitigen Besuchen in unseren Abteilen, ansonsten aber gehörte ich den Russen in meinem Waggon. Mein Russisch war so lückenhaft, daß meine Äußerungen meist vom Typ »wie schön!«, »wie zauberhaft!« oder »wie interessant!« waren. Schon damals glaubte ich, die großen Mißverständnisse seien den Menschen vorbehalten, die wir lieben und mit denen wir uns tiefer gehend verständigen. Mein begrenztes Russisch schloß dagegen alle verletzenden Mißverständnisse aus.

Später habe ich wieder über das sichere Ohr der Russen für das Sprachniveau, das einem zu Gebote steht, nachgedacht und darüber, wie schnell sie sich daran anpassen. Bald tauschten wir unser gegenseitiges Wohlwollen in rund vierzig Wörtern aus. Sie lotsten mich ebenso freundlich wie effektiv an den betrunkenen Offizieren in der ersten Klasse vorbei, die mich in ihr Kupee einladen wollten, und sorgten dafür, daß der, den ich zu lieben begonnen hatte, im Restaurantwagen nicht bedient wurde, ehe ich in Erscheinung trat. Jemand von der Bedienung wachte darüber, daß der Platz ihm gegenüber frei blieb, bis ich kam. Darauf stürzten sie herbei und geleiteten mich dorthin, wo ich hin wollte. Dann eilte jemand mit der Speisekarte herbei, auf der alle Gerichte bis auf eines ausgestrichen waren. Morgens, mittags und abends aßen wir fettige Koteletts, und etwas Leckereres habe ich nie gegessen.

»Wenn ich mich nicht an dich halte, bekomme ich überhaupt nichts«, beklagte sich der, den ich zu lieben begonnen hatte.

Es wurde eine Liebe, der ich es verdanke, mich auf meinem Sterbebett nicht grämen zu müssen, daß mir irgendein Gefühl im Leben entgangen sei. Auch rein geographisch wurde es eine ausufernde Verliebtheit. Ich fiel der Länge nach über Sibirien, indem meine Füße am Ural hängenblieben und mein Kopf am Japanischen Meer landete.

Das führte dazu, daß mein Bild von Sibirien gewissermaßen ein Bild von mir selbst wurde, und wenn ich von Sibirien schreibe, schreibe ich eine Art Autobiographie.

Die Welt existiert nur in unseren eigenen Sinnen. Es war Herbst 1968, als ich durch Sibirien reiste, das Jahr des russischen Einmarsches in die Tschechoslowakei. An der russisch-chinesischen Grenze im Fernen Osten, nur einen Katzensprung von der Bahnlinie entfernt, kam es zu Truppenkonzentrationen nach Zusammenstößen in der Ussuri-Region. Doch auf irgendeine Weise war diese Woche aus der realen Welt herausgehoben. Stichbahnen und Nebengleise führten hinaus in die Taiga zu Straflagern und in die Verbannung, überall gab es Menschen, die sich anderswohin sehnten. Die Gesamttonnage an Sehnsucht und Verlusten, die der Zug langsam durch Sibirien schleppte, war enorm, aber es ändert nichts: Nie hat sich eine Landschaft milder dargeboten als dieses Sibirien im September '68, als ich einundzwanzig Jahre alt war.

Einundzwanzig Jahre später, im Juni 1989, kam ich auf Schleichwegen zurück, als wollte ich, daß mich das Land nicht bemerkte. Ich hielt mich erst lange und ausgiebig in der Mongolei auf, und als ich endlich einen Zug bestieg, war es nicht der *Rossija*, sondern der Zug von Ulan Bator nach Ulan Ude an der Stammbahn, wo ich mir am Bahnhof einmal Äpfel gekauft hatte. Außerdem war ich mit einer Aufgabe und einem bestimmten Interesse gewappnet und Mitglied einer Gruppe Gleichgesinnter. Niemand konnte ahnen, daß es private Gründe für meine Reise gab.

Wer jemals von einem Engel angerührt wurde, hält immer nach ihnen Ausschau. So kommt man automatisch dazu, andere geflügelte Wesen zu bemerken. Das ist die große Kompensation, die die Welt bietet. Fast alles, dem wir uns mit Leidenschaft widmen, ist Ersatz für etwas anderes. Von Vogelbeobachtern heißt es zum Beispiel, sie seien Menschen, die von anderen Menschen enttäuscht seien. Darin liegt etwas Wahres, und ich will nicht leugnen, daß ein Teil des Entzückens, mit anderen Vogelguckern gemeinsam draußen unterwegs zu sein, in der unausgesprochenen Überzeugung liegt, die Vögel verdienten das größere Interesse.

Als ich zurückkam, war es also wegen der Natur und der Vögel, die ich früher aus dem Zug durch mein Glück nur flüchtig wahrgenommen hatte. Unter Gorbatschow wurde es plötzlich möglich, sich in dem gesamten, riesigen Gebiet fast frei zu bewegen. In den Jahren 1989–1993 brachte ich jeden Frühsommer einen Monat in Sibirien zu. Mehr und mehr Regionen wurden für Ausländer geöffnet. 1991 erreichten wir die Bering-Straße und kamen an der Mündung des Kolyma hinaus auf die offene Eismeertundra. 1993 waren wir unten in Ussuriland. Wenn das Glück wie eine Eisenbahnlinie durch Südsibirien schneidet und in Japan endet, dann erstreckt sich der Ersatz dafür über ein viel größeres Gebiet. Überall hört man Flügelschläge.

Über ganz Sibirien steht jemand auf einem Wiesenhöcker und wirft sich in die Brust. Sie pumpt ein und aus, darin dröhnt es, als ob jemand »hoh« in eine Tonne ruft, die Kehle weitet sich und zieht sich zusammen. Jemand hüpft in Verzweiflung und Lust und dröhnt und pfeift. In Sibirien verkörpert die Vogelfauna alles Verlangen der Welt. Da dreht und windet man sich, steigt in die Höhe und stürzt seinem Verlangen entgegen, während der Wind braust wie ein Düsenflugzeug im Federkleid. Im Moor hüpft man von Bülte zu Bülte und prahlt mit Schwanzfedern und Schwingen, mit Kragen und Hauben und was man sonst noch vorzuweisen hat.

»Ich bin's«, ruft man über die ganze gewaltige Taiga und Tundra, und es hört sich an wie das versammelte Herz der Welt.

Es ist viel zu aufdringlich und anhaltend, um es schön oder anmutig zu nennen. Jemand kollert und wirft ruckartig den Kopf auf, jemand anders duckt und klagt, jemand zischt, pfeift und klickt, schlägt mit den Flügeln, schnalzt und rasselt. Man verhält sich eben, wie einem der Schnabel gewachsen ist, und ich, die ich das alles beobachte, weiß, daß es ein Spiegelbild von dem ist, was unter meiner eigenen Haut vorgeht.

Auch ich stand einmal in Sibirien in Haube und Kragen und gluckste und flötete. Ich knickste und verbeugte mich und pickte auf dem Boden herum, daß das Moos nur so stob. Der, den ich im Auge hatte, flog mit rauschendem Gefieder auf. Bei seiner Scheinflucht entfaltete er ein ganzes Signalsystem aus Farben und Federn. Wer, wenn nicht ich, sollte wissen, was es heißt, ein Vogel in Sibirien zu sein.

Vor diesem Hintergrund schreibe ich dieses Buch.

DRESDEN IN SIBIRIEN

In der Transsibirischen Eisenbahn teilte ich mein Zweiter-Klasse-Abteil mit zwei Damen aus Tschita und einem älteren Herrn, der in Nowosibirsk aussteigen wollte.

Die beiden Damen hatten Bekannte in anderen Kupees und ließen sich, außer zur Nacht, selten blicken. Der alte Herr war wie eine gute Fee. Wenn es regnete, verhieß er Sonnenschein, und siehe da, gleich hinter dem Ural begann die Sonne zu scheinen. Dann strahlte sie mit einem warmen Leuchten wie im August an jedem Tag der Zugreise. Rücksichtsvoll ging sie nachts unter, und dann warfen die Sterne das Licht der großen Quelle so zurück, daß der Zug jede Nacht durch den Sternenhimmel schaukelte.

Die Fee prophezeite mir alle möglichen schönen Erlebnisse in Chabarowsk, wenn sie längst ausgestiegen sein würde, und sollte recht behalten. Sie versprach mir eine wunderbare Seereise, stellte mir ein Japan von seltsamer Schönheit in Aussicht. Vorher verlieh sie mir den Baikal-See in großartigem Wetter, versprach mir den tiefsten See der Welt und das blaueste Blau, Bergzüge, die ich sehr bewundern würde. Wenn ich aus dem Zug steigen würde, um ein wenig auf dem Bahnsteig direkt am Ufer zu promenieren – genügend Zeit, versicherte sie mir, denn am Baikal-See würde der Zug von Diesel auf Kohle umgestellt –, dann würde man mir wohlzubereiteten Omul servieren, einen Fisch, der nur im Baikal-See vorkommt und eine ausgesuchte Delikatesse darstellt.

Der alte Herr versprach mir alles, was sich später bewahrheitete. Er selbst war rücksichtsvoll wie die Septembersonne. Während der gesamten Reise verließ er niemals den Waggon. Wie viele andere hatte er Proviant für die gesamte Fahrt bei sich und ging nicht ins Zugrestaurant. Ich sah ihn jedoch niemals essen und glaube, er wartete damit, bis ich meine Mahlzeiten im Restaurant einnahm. Viele trugen während der gesamten Fahrt Pyjamas, und der Zug erinnerte mich an ein altmodisches Sanatorium, wie ich es auf Bildern gesehen hatte. Der alte Herr aber zog jeden Tag einen Anzug an. Er stand als erster auf und ging auf die Toilette am Wagenende. Unterdessen stand ich meinerseits auf und ging dann, um mein Frühstück einzunehmen. Auf die Art konnte er sich in Ruhe anziehen und ebenfalls frühstücken. Wir koexistierten höflich, als hätten wir es seit Generationen eingeübt, und waren lauter Lächeln und Anstandsbezeugungen.

Gleich am ersten Abend hatten wir entdeckt, daß wir eine gemeinsame Sprache besaßen. Der alte Herr sprach ein altertümliches Deutsch, das bedeutend besser war als meins. Es stellte sich heraus, daß es aus dem Jahr 1911 stammte, als der junge Herr nach Dresden gegangen war, um die Ingenieurskunst zu studieren.

Auch meine Deutschlehrerin war ein älteres Modell gewesen. So saßen der alte Mann und ich beisammen und konversierten in antiquiertem Deutsch. Während draußen Sibirien voranschritt, begann unser Kupee immer mehr dem Deutschland in den letzten Jahren des Kaiserreichs zu gleichen. Der Erste Weltkrieg war noch nicht ausgebrochen, die Oktoberrevolution nicht einmal als Schatten an der Wand sichtbar. Ein junger russischer Herr studierte ein praktisches und modernes Fach in einem Dresden, das vor Verfeinerung und Kultur strahlte. Hier, in den Jahren 1911–1914, erlebte ein gebildeter Westrusse seine beste Zeit.

Ich hatte vom Stalinterror gelesen und dem verbreiteten Mißtrauen gegenüber Leuten, die Kontakt mit dem Feind hatten. Ich hatte Solschenizyns *Ein Tag im Leben des Iwan Denissowitsch* gelesen – *Die Krebsklinik* und *Der erste Kreis der Hölle* erschienen auf Schwedisch erst im gleichen Herbst, in dem ich durch Sibirien reiste, und ich las sie erst nach meiner Heimkehr aus Japan. Manches aber konnte ich erahnen.

Der kultivierte Westrusse, der in Dresden studiert hatte, besaß grobe, ungeschlachte Hände wie nach vielen Jahren allzu schwerer körperlicher Arbeit. Er, der in St. Petersburg aufgewachsen war, verbrachte sein Alter nördlich von Nowosibirsk. Viele Westrussen, die in Sibirien leben, heben die Reichtümer und die Möglichkeiten des Landes hervor; Herr N. lächelte bloß und sprach davon, daß er dort wohnte.

Schon damals wußte ich, daß den Straflagern oft ein inneres Exil folgte und daß sich viele entschlossen, am Ort ihrer Verbannung zu bleiben, in seinem verhältnismäßigen Frieden. Mein Freund, Herr N., genoß Bewegungsfreiheit. Als er in Moskau den Zug bestieg, kam er von einem Besuch in Leningrad. Noch immer, berichtete er, verreiste man nach sich bietender Gelegenheit, und ein Jahr später erhielt ich schöne Ansichtskarten von der Krim, wo er seinen Urlaub verbrachte.

Ich glaube, er verstand es richtig, wenn ich das Land pries. Wie alle Russen war er Patriot und stimmte mir bei, daß die Landschaft großartig schön war. Ich bin ganz gut darin, Dinge in der Umgebung zu finden, die ich loben kann, und Herr N. bedankte sich für die Artigkeit sozusagen im Namen des russischen Volkes. Stets lächelte er freundlich über meine Begeisterung, wie man es vermutlich tut, wenn man sich damit abgefunden hat, daß andere zwar nichts verstehen, es aber wenigstens nicht böse meinen.

Es geschah aus Höflichkeit, aber auch aus Konvention in Übereinstimmung mit dem Geist der Zeit, daß wir niemals auf die Jahrzehnte des alten Herrn in Sibirien zu sprechen kamen. Er war jetzt so alt, daß es keine Rolle spielte. Ich war jung und von meinem aufblühenden Glück beschützt: Mir wäre auch dann nichts Böses passiert, wenn ich im Abteil unter dem Gerede und der Musik des nicht abzuschaltenden Radios auf Deutsch etwas über die Stalinzeit und ihre Straflager gesagt hätte. Aber 1968 tat man so etwas nicht; wir erwähnten nicht einmal Pasternak, wenn wir über russische Literatur sprachen. Als Ausländerin wollte ich niemanden in Verlegenheit bringen. Als Russen waren sie überzeugt, daß ein Ausländer sie nicht begreifen konnte.

Außerdem war es deutlich, daß es nicht derartiges war, worüber sich der alte Herr unterhalten wollte. Hier hatte er eine junge Frau vor sich, die einigermaßen Deutsch sprach, Goethe und Schiller kannte und zwei Sommer zuvor aus eigenem Antrieb durch Deutschland gereist war. Nein, in Dresden war ich nicht gewesen, doch wir redeten über Berlin und Frankfurt, Hamburg und Bremen und ihre Kunstschätze. Sobald ich einmal Bonn erwähnte, war mir klar, einen Stilbruch begangen zu haben: In unserem Abteil blieb Berlin die ewige und ungeteilte Hauptstadt. Und was für eine Hauptstadt!

Bei diesen Gesprächen fühlte ich mich oft unglücklich darüber, daß mein Deutsch so begrenzt war und ich nur so wenig von dem, was ich sagen wollte, zum Ausdruck bringen konnte. Ich dehnte meine Mahlzeiten im Restaurantwagen so weit wie möglich aus, um mich mit dem, den ich zu lieben begonnen hatte, auf Englisch zu unterhalten und mich vom Deutschen auszuruhen. Ich fühlte mich der Freundlichkeit des alten Herrn zutiefst unwürdig. So viel, dachte ich schuldbewußt, für so wenig.

Erst viel später habe ich seine Freundlichkeit so annehmen können, wie sie gemeint war. Ich stelle mir vor, ich wäre fünfzig Jahre vom Englischen abgeschnitten, das ich liebe, und hätte in Gesprächen mit anderen niemals zeigen können, daß ich einmal in einer englischsprachigen Umgebung gelebt hatte. Ohne Vorwarnung, irgendwo in einem Zug begegne ich einem Portugiesen, der einigermaßen Englisch radebrecht und mir ein höfliches Interesse entgegenbringt. Würde ich mich da nicht freuen? Würde ich nicht in diese Sprache verfallen, die ich fünfzig Jahre lang geliebt hätte, und für den Portugiesen, der mir gegenübersitzt und mir das ermöglicht, eine spontane Wärme empfinden?

Über einige Jahre hinweg unterhielten wir in ausgesuchten Wendungen eine Korrespondenz. Er titulierte mich »Sehr geehrtes Fräulein Lundberg«, und ich antwortete mit »Sehr geehrter Herr N.«. Es war ein spärlicher Briefwechsel. Die großen, geplagten Hände formten die Sätze mit Mühe, und für mich war Deutsch eine komplizierte und fremde Sprache. Die letzte lange Pause wurde nach und nach dauerhaft. Vielleicht ist Herr N. gestorben, vielleicht wurde er krank und konnte nicht mehr schreiben.

Aber ich versuche noch immer zu formulieren, was ich ihm sagen wollte, ohne daß es mir gelingt. Ich denke auch über den Umstand nach, daß ich, die ich doch eine ganze Menge begriff – auch von dem Verrat und den Kompromissen, die es jemanden mit Herrn N.s deutscher Vorbelastung gekostet haben muß, um Stalins Säuberungen zu überleben –, mich dennoch für die Ideale des Kommunismus erwärmte.

Im veränderten politischen Klima unserer Tage wird das linke Engagement meiner Generation oft als Unkenntnis und Opportunismus beschrieben. Ganz so unwissend über das, was in der Sowjetunion vor sich gegangen war, waren wir aber gar nicht, und was wie Opportunismus aussah, war manchmal ein ganz spontaner Idealismus. Eher war es gerade unserer Jugend zuzuschreiben, daß wir das Wissen um das Geschehene mit dem Glauben an das Kommende verbinden konnten. Unsere eigene Flexibilität war noch so groß, daß wir uns vorstellten, das System wäre ebenso elastisch und besäße die Fähigkeit, sich selbst zu reformieren. Unser ganzer Abscheu galt dem Nationalsozialismus, und es war schwer zu akzeptieren, daß der Kommunismus, der ihn doch bekämpft hatte, ähnliche Methoden anwenden könnte. In unserer Perspektive war die Stalinzeit eine ferne und abgeschlossene Epoche. Wohl nur wenige von uns sahen eine Verbindung zwischen Stalin und Breschnew. Erst wenn man älter wird, beginnt man die furchtbare Kette von Kausalzusammenhängen zu erkennen, die sich durch die Geschichte zieht.

Darüber hätte ich mich gern mit dem älteren Herrn unterhalten. Aber vielleicht ist es auch nicht nötig. Ich beginne selbst die freundliche Resignation zu empfinden, mit der er die Welt betrachtete. In diese Resignation mischte sich allerdings ein freudiger Ausruf, nachdem wir am ersten Abend herausgefunden hatten, daß wir Deutsch miteinander sprechen konnten, und ich erzählte, daß ich aus Finnland kam:

»Ah, die Finnen! Furchtbare Krieger!«

Dann verbeugte er sich und stellte sich seinerseits vor.

FURCHTBARE FINNEN

Vielleicht fördert nichts so sehr das Verständnis zwischen zwei Nationen wie tausend Jahre Krieg und Feindschaft. Aus der Geschichte erwächst eine paradoxe Anhänglichkeit, die wohl nicht nur ich den Russen gegenüber empfinde.

Die Waggons der Transsibirischen Eisenbahn bildeten eine gut funktionierende Gesellschaft. Wie in allen menschlichen Gemeinschaften blühte bald ein lebhafter Tratsch. Unter den Durchsagen und der Unterhaltung aus den Lautsprechern, auf die niemand achtete, verbreiteten sich hemmungslos die wirklichen Neuigkeiten, die von echten Menschen in der Wirklichkeit.

Als ich an einem dunklen Abend den Zug bestieg, verriet mein schlechtes Russisch sogleich, daß ich keine Russin war. Andererseits war das kein Zug für Ausländer. Ich reiste 2. Klasse, und mein Gepäck sah wahrlich nicht westlich elegant aus.

Am Morgen stimmte der gesamte Waggon in der Diagnose überein: Bei mir handelte es sich um ein estnisches Mädchen auf dem Weg nach Wladiwostok, wo ich meinen Freund besuchen wollte, der auf der Marinebasis seinen Wehrdienst leistete.

Als jemand auf die Idee kam, mich zu fragen, gab es ein großes Hallo, als sie erfuhren, daß ich aus Finnland kam. Nicht nur mein Freund im Abteil, Herr N., redete von den furchtbaren Kriegern. Damals, 1968, war der Krieg noch auf eine ganz andere Weise als heute lebendige Realität. Lächelnd versteckten die Menschen ihre Gesichter in den Händen und zeigten, wie verängstigt sie gewesen waren. Furchtbare Finnen! Und dann lachten sie aus vollem Herzen.

In der Umbewertung des Kommunismus während der letzten Jahre hat man die Rhetorik von Frieden und Völkerfreundschaft verächtlich gemacht, als wäre sie nichts als Heuchelei gewesen.

Nach meiner Erfahrung aber gab es keinen Begriff, den sich der einfache Sowjetbürger so tief zu eigen machte wie den Friedensgedanken. Sicher schränkte mein begrenztes Russisch die Auswahl möglicher Trinksprüche ein, aber wie oft hob ich nicht mein Teeglas, meinen Apfel oder ein Glas Pflaumenschnaps, das mir jemand aufgedrängt hatte, um auf Frieden und Freundschaft anzustoßen.

Die menschliche Wärme im Zug habe ich später meiner Jugend und meinem Glück zugeschrieben. Die Rhetorik wurde wahrhaft, müde Gesten verwandelten sich in spontane Herzlichkeit. Doch zu meiner Überraschung war – auch bei mir selbst – noch eine ganze Menge davon übrig, als ich einundzwanzig Jahre später zurückkehrte.

Da befand ich mich in Gesellschaft einer Gruppe von Ornithologen, überwiegend aus Großbritannien. Die Reise hatte mächtig viel Geld gekostet, und als Westeuropäer erwarteten sie, daß der Service, für den sie bezahlt hatten, auch funktionierte. Wo wir ankamen, sollten wir Essen und Zimmer vorfinden, und der Transport sollte organisiert sein.

Es klappte erstaunlich oft. In Nischni-Angarsk am Nordufer des Baikal-Sees, wo wir die ersten ausländischen Touristen seit siebzig Jahren waren, hatte man Betten aus der Krankenstation genommen und uns damit einen Schlafsaal in der Turnhalle des Sportzentrums eingerichtet. In Batagai quartierte man das Personal der Aeroflot aus, um uns im Gästehaus unterzubringen. In Taiga und auf Tundra, in Flußdeltas und auf Bergen fanden wir Unterkunft in Jagd- und Anglerhütten oder in Jugendherbergen. Wir schlossen Bekanntschaft mit den schweren russischen Zelten und den schmalen Pritschen in der Wildnis, wo russische Feldbiologen ihre heroische Arbeit leisten.

Überall bekamen wir peinlich saubere Bettwäsche und eine frisch gestärkte Decke auf den Tisch. Besonders im zweiten Jahr war das Essen derart knapp, daß alle Klagen verstummten. Man fühlte sich versucht, ein Tischgebet zu sprechen: Segne, Herr, das Essen, das wir bekommen! Wir verteilten, was es gab, und zehn Minuten später sah es aus, als wäre ein riesiger Staubsauger über das gestärkte Tischtuch gegangen. Täglich waren wir mindestens sechzehn Stunden auf den Beinen, immer im Freien, meist zu Fuß in schwerem Gelände, und es war deutlich zu sehen, wie sehr unser Hunger unsere Wirte erschreckte, die offenbar ganz andere Informationen über die Eßgewohnheiten westlicher Touristen erhalten hatten.

Theoretisch waren die anderen Westler und ich auf dem gleichen Wissensstand über die Verhältnisse in der zerfallenden Sowjetunion. Doch wenn Dinge funktionierten, waren die anderen der Meinung, es sei alles so, wie es sein sollte. Ich dagegen hielt es für ein Wunder, brachte meine Dankbarkeit so oft ich nur konnte zum Ausdruck, notierte Adressen und verschickte später Dankesbriefe und aufmunternde Päckchen.

Ich glaubte, vielleicht die einzige zu sein, bis wir auf der dritten Reise Lasse J. Laine bei uns hatten, einen finnischen Ornithologen.

Er konnte noch weniger Russisch als ich, setzte es aber viel raffinierter ein. Außerdem war er ein besserer Schauspieler. Aus der ganzen Tundra strömten Menschen zusammen, um ihn essen zu sehen. Ekstatisch begutachtete er die Portion, die vor ihm stand, und die Damen, die sie zubereitet hatten. Er sagte »ah« und »oh« wie ein Eidererpel in höchster Verzückung und zwinkerte begeistert wie ein Auerhahn auf dem Balzplatz. »Aha« und »Oho« rief er wie ein Uhu im Walde. Oder »oh!« wie eine triumphierende Amsel, wenn sie endlich den Wurm aus der Erde zieht. Außerdem lächelte er, wie es kein Vogel vermag, und drückte seine Begeisterung mit einer plastischen Mimik aus, die mich stolz machte, der gleichen Art anzugehören.

Mit derartigem Enthusiasmus hat noch nie jemand ein Mahl verzehrt, das ihm von einem Brudervolk zubereitet wurde. Ich stelle mir vor, Lasses Wertschätzung wurzelte in einem genetisch verankerten Wissen darüber, wie es ist, mit wenigem auskommen zu müssen, Nahrungsmangel und Notjahre zu leiden, das wir Finnen mit den Russen teilen, nicht aber mit Menschen aus dem Westen.

Und das betraf nicht nur das Essen. Lasse Laine und ich sahen uns gegenseitig wohlwollend dabei zu, wie wir mit den Russen umgingen. Später hatten wir Gelegenheit, unser Verhalten verstohlen zu kommentieren. Wir strengten uns beide mehr an als die anderen aus dem Westen. Wir hielten weniger Abstand, wenn wir mit Russen sprachen, wir schüttelten Hände auf die gleiche Weise wie sie, nicht auf Distanz mit ausgestrecktem Arm und schlaffer Hand wie die Engländer. Wir bedankten und verbeugten uns, wenn es angebracht war, während die Westler einfach davonlatschten wie in einem Hotel. Doch wir wohnten nicht in Hotels; wir lebten bei Menschen, die sich persönlich alle erdenkliche Mühe gegeben hatten, damit etwas Eßbares auf den Tisch kam und sich eine Ecke fand, wo wir unser müdes Haupt betten konnten.

In allem standen wir den Russen näher. Und das beruhte auf einem teuer erkauften Verständnis, einer Verantwortung, die sich in tausend Jahren Krieg entwickelt hatte. Die Russen sind unser. Sie gehören zu uns, wie sie niemals zu einem anderen westlichen Volk gehören können.

DER ADLER DER ADLER

Meine Karriere als Pfarrhofsfrau endete, bevor ich mir ihrer bewußt wurde. Ehe ich mich's versah, war der Pfarrer tot, und wir, seine Hinterbliebenen, saßen in einem Boot zum Festland.

Damit begann unsere Diaspora. Die Ströme von Babel haben viele Mündungen, und einer von ihnen endet in Helsingfors. Da steht das Nationalmuseum, das Museum aller Museen. Andernorts habe ich größere Ausstellungsräume, erlesenere Sammlungen, bedeutendere Ausstellungen gesehen. Aber niemals ein Museum, das in diesem Umfang alles enthält, was man gerne wissen möchte.

Meine Schwester und ich liebten es beide, auch weil wir dort von vielem befreit waren, was sonst unser Leben komplizierter machte. Es gab ein paar Verhaltensregeln, und wenn man sich an die hielt, konnte man sonst nicht viel falsch machen.

Zuerst stürmten wir in die Vorzeit und begrüßten die Bronzezeitexponate von Kökar. Dann vertieften wir uns in unsere anderen Interessen. Meine Schwester liebte die Wikingerzeit, ich dagegen mehr die Steinzeit, deren Technologie ich begriff. Außerdem besaß mein Lieblingscousin eine Steinaxt, die er in einem Acker gefunden und auf die er »Kalle« geschrieben hatte.

Wie alle Kinder waren wir von der Rauchhütte begeistert. Zu unserer Zeit konnte man hineingehen und sich auf eine Bank setzen, schnuppern und fühlen, wie es gewesen sein mußte, darin zu wohnen. Genausogern mochte ich die finnougrische Sammlung. Die Menschen standen so ruhig in ihren Festtagstrachten darin, als wäre ihnen nie Böses widerfahren. Ich wollte gern so sein wie sie und habe noch immer den friedlichen Duft des Nationalmuseums in der Nase, wenn ich etwas über die Finnougrier lese.

Durch das Mittelalter liefen wir rasch hindurch. Ich versuchte, nicht auf die Bilder von Leid und Folter zu blicken, die dort dicht an dicht hingen. Noch heute spüre ich einen irrationalen Widerwillen gegen das Mittelalter, das stark nach den Konservierungsmitteln riecht, die bei der Restaurierung der im Nationalmuseum versammelten Kirchenkunst verwendet wurden.

Überhaupt war ich weniger an Kunst interessiert als an Gegenständen. Ein Bild machte allerdings eine Ausnahme, aber es hing auch ein Stück weit vom Mittelalter entfernt. Die Malerei war riesengroß. Sie stellte eine hochgewachsene Frau oder ein großes Mädchen im Leinenkleid mit muskulösen Armen und kräftigen Handgelenken dar. Es stand im Wind und fürchtete sich. Seine Augen starrten weit aufgerissen einem Adler entgegen, der seine Fänge gegen ein großes Buch spreizte, das das Mädchen krampfhaft an seine Brust drückte.

Womöglich ist das der größte Adler Finnlands. Vielleicht wurde nie ein gräßlicherer Zweikampf dargestellt. Der Adler will das Buch haben, koste es, was es wolle, und das Mädchen will es um keinen Preis hergeben, so übel es auch selbst zugerichtet wird.

Ich hätte das Buch von mir geworfen und wäre weggerannt; soviel wußte ich genau. Mit dem Mädchen identifizierte ich mich viel weniger als mit der Steinzeit und den Finnougriern. Aber der Adler fesselte meine Aufmerksamkeit. Er war erst so kürzlich herangeflogen gekommen, daß man noch das Rauschen in seinen Schwungfedern hörte, als er sich vom Himmel stürzte, und das gewaltige Ratschen, mit dem er auf dem Buch landete. Der Vogel war bis in das winzigste Detail absolut naturgetreu. Es störte mich überhaupt nicht, daß er zwei Köpfe besaß, denn man konnte sich leicht einbilden, er hätte den Kopf so schnell hin- und hergewendet, daß es wie zwei Köpfe aussah. Er war mehr Adler als das Mädchen ein Mädchen war, ja, er war mehr Adler als irgendein lebender Adler, den ich später je gesehen habe.

»Warum?« fragte ich natürlich. »Warum macht er das?«

Ich war gut dran, mit einer Mutter und einer Schwester, die lesen und erklären konnten. Das Mädchen war das jungfräuliche Finnland, das Buch Finnlands Verfassung. Der Adler war Rußland, das versuchte, der Jungfrau Finnland ihr Grundgesetz aus den Händen zu reißen. Aber die Jungfrau Finnland ließ nicht los. Nein, sie packte so zu, daß der russische Adler nachgeben mußte.

»Aha«, sagte ich. Bei einem späteren Besuch fragte ich noch einmal nach, wie es Kinder tun, um zu überprüfen, ob die Erklärung die gleiche bleibt. Sie blieb es, und ich akzeptierte sie auf die gleiche Weise, wie man eine Tatsachenerklärung hinnimmt, ohne daß sie mit einer inneren Wahrheit in Konflikt kommt, die auf einer tieferen Ebene angesiedelt ist.

Der erste richtige Adler, den ich sah, war eine große Enttäuschung. Ich war acht Jahre alt und mit unseren Nachbarn von Kökar auf dem Weg nach Mörskär. Weit draußen auf dem Meer wurde es plötzlich lebendig an Bord.

»Seeadler!« rief jemand.

Mich überlief ein Schauer. Jetzt kam es, das Rauschen und das Ratschen – aber ich sah nichts. Die anderen deuteten und zeigten eine ganze Weile. Damals hatte ich noch kein Gefühl für Entfernungen entwickelt, und was die anderen in helle Aufregung versetzte, war in meinen Augen eine Krähe, die in weiter Ferne mit schweren Flügelschlägen über das Wasser strich.

»Aha«, sagte ich. Und zeigte aus Artigkeit nicht, wie enttäuscht ich war. Immerhin hatte ich etwas gesehen, was in den fünfziger Jahren schon eine Seltenheit war. Dann kamen die Sechziger und die Siebziger, und man bekam für zwanzig Jahre keinen Seeadler zu Gesicht. Dann die großartige Wiederkunft in den Achtzigern. Man hatte große Anstrengungen unternommen, die Umweltgifte unter Kontrolle zu bekommen und die Adler im Winter gefüttert, und jetzt ist es keine Seltenheit, Adler selbst über Kökar zu sehen.

Allen Adlern gemeinsam ist aber, daß sie zu klein sind. Nicht einmal ein Wintergoldhähnchen kann auf die Art zu klein sein, wie es Adler für mich sind. In meinem Innern steckt eine Vorstellung von der richtigen Größe eines Adlers, und deshalb können die, die ich real sichte, niemals groß genug sein. Ihre körperliche Gegenwart wirkt nicht im entferntesten so imposant wie beispielsweise die eines Uhus, der keinen anderen Vergleichsmaßstab hat als sich selbst.

Ich setzte große Erwartungen in die Adler der Mongolei und Sibiriens. Ich habe eine beträchtliche Anzahl von ihnen zu sehen bekommen: Seeadler in rauhen Mengen, Steinadler im Suchflug über der Taiga, Kaiseradler und Schelladler im Selenga-Delta, Bindenseeadler an einem See in der Mongolei, bescheiden zwischen Möwen und Krähenscharben kauernd. Schließlich sogar den größten Adler Asiens, den Riesenseeadler, weit draußen über dem Ochotskischen Meer.

Nicht, daß ich besonders viel Glück mit Adlern hätte. Es regnet in Magadan, es schüttet über dem Ochotskischen Meer. Die Inselklippen, zu denen wir unterwegs sind, liegen in dichtem Nebel. Man sieht rein gar nichts in diesem Wetter. Auch wasserdichte Ferngläser taugen nichts, wenn man auf einem Bootsdeck steht und versucht, auf Marmelalke, Silberalke, Schopfalke und Rotschnabelalke scharf zu stellen, die um das Boot herumschwimmen.

Als wir uns der Insel nähern, auf der ein Riesenseeadler horsten soll, drängen sich alle im Bug zusammen, als wäre die Wahrscheinlichkeit am größten, daß sich der Nebel ausgerechnet da heben könnte. Tatsächlich können wir dunkle Berghänge ausmachen und Vegetation, die sich die Klüfte hinaufzieht. Auf einem Felsvorsprung: »Da ist er!«

Ein struppiges Nest aus groben Stöcken und eine Gestalt, die darauf hockt. Ein neuer peinigender Regenschauer, eine dichte Wolke, die vom bedeckten Himmel fällt, und im gleichen Moment eine Bewegung, ein undeutlicher Schatten. Etwas Weißes blinkt auf, und ein dunkler Schemen biegt um die Insel und verschwindet. Jemand, der in seinem Tubus für einen Augenblick Sicht hatte, verkündet, es wäre das Männchen gewesen, das den Horst verlassen hätte.

Das Boot versucht sich im Regen näher heranzumanövrieren. Aber es gibt Strömungen, es ist gefährlich, denn obwohl man es nicht vermuten würde, gibt es unter Wasser Klippen und Untiefen. Noch immer sind wir weit entfernt, doch als der Schauer aufhört, sehen wir, daß das Weibchen noch im Nest hockt. Schwarz und weiß. Dann hebt es den Kopf und dreht ihn uns zu. Es sieht aus, als hätte es eine Apfelsine im Schlund, so riesig ist der Schnabel und so unglaublich orangegelb.

Das Adlerweibchen geht nicht flüchtig, und das ist gut so. Es ist vier Grad kalt, windig und regnerisch, und das Weibchen liegt auf einem Gelege. Es kauert sich tiefer und wird zu einem undeutlichen Umriß, der mit dem Reisighaufen verschmilzt.

Das ist es, was ich von Asiens größtem Adler sehe. Soweit ganz nett, aber auf den Adler der Adler treffe ich schließlich in der Mongolei.

Es ist oben in den Jol-Bergen in der Altai-Kette, hohe Steilhänge und tiefe Talschluchten mit Altschnee in den Klüften. Das Gehen kostet viel Luft. Wir sind auf der Suche nach dem Altaikönigshuhn. Unsere letzte Chance. Hangauf und hangab, Stunde über Stunde, kämpfen wir uns voran. Es ist Adlerrevier und es ist Geierrevier, wir sehen Steinadler, Gänse- und Schneegeier, aber auch Bartgeier – den Bartgeier, der größer ist als ein Adler. Ja, der

Vogel, der schließlich mit meiner inneren Vorstellung von einem Adler übereinstimmt, wird eher unter die Geier klassifiziert als unter die Adler.

Mit einer Flügelspannweite von weit über zweieinhalb Metern stürzt er sich von seinem Felsvorsprung. Ratsch! pfeift der heftige Wind durch die Handschwingen. Es gibt ein saugendes Gefühl im Bauch, als er sich in die Luftströmungen wirft. Die Sonne reflektiert auf seinem Gefieder wie auf einer Kupferkasserolle. Rotbraun wie eine westfinnische Kuh, schwarz und braun und gesprenkelt und wild. Schwarze Ringe um die Augen, ein Bart wie ein elisabethanischer Admiral, lange Federhosen wie bei einem richtigen Adler.

Und groß, endlich groß genug. Er fürchtet sich vor nichts, sondern läßt sich von der Thermik dicht an uns vorbeiführen, wo wir festgeklammert in der Bergwand hängen. Die Knochen ziehen schwer nach unten, und der Körper hat Angst, abzustürzen. Hier oben wird es lächerlich klar, wie behindert wir sind, die wir nicht fliegen können.

Die Sonne knistert durch sein Gefieder, als er vorbeifliegt. Ratsch! Als er um die Klippe schießt. Er tummelt sich in den Luftströmungen wie ein Delphin. Wenn er eine Aufwindspirale erreicht, beginnt er zu steigen. Oben wendet er und betrachtet uns. Unbewußt presse ich den *Field Guide to the Birds of the USSR* fester an meine Brust, denn in meinem Innersten weiß ich genau, worauf Adler aus sind.

WANDELNDE SEEN

Als wir nach Orog Nur in der Mongolei kommen, ist der See ausgetrocknet, obwohl es erst Mai ist. Höheres, grüneres Gras wächst in einer Senke, in der noch ein Rest Wasser steht. Eine Schafherde und ein paar Pferde grasen in der Nähe. Weide gibt es um diese Jahreszeit in der gesamten Mongolei, und die Herden werden aus Brunnen getränkt.

In Zentralasien kommen und gehen die Seen, daran ist nichts Besonderes. Für uns aber ist es ein Rückschlag. In den letzten Jahren hat der Orog Nur nämlich eine Kolonie Reliktmöwen beherbergt, und das ist jetzt vorbei. In unserem beflügelten Bus werden Kommentare laut, wie sie zivilisierte Ornithologen von sich geben, wenn sie eine Enttäuschung verarbeiten. Es gibt hier aber doch so vieles andere zu sehen – zum ersten Mal seit siebzig Jahren darf man sich frei im Land bewegen und Orte aufsuchen, von denen man früher nur träumen konnte.

Doch es ist nun einmal so, daß einige sich ausgerechnet auf diese Reise gestürzt haben, weil man so gut wie sicher sein konnte, Reliktmöwen zu sehen, die seltenste und erst als letzte entdeckte Möwenart, die in einer Handvoll Seen in Zentralasien brütet.

Wir sitzen in dem kompakten, lila-gelben Bus der mongolischen Reiseagentur Zuulchin, der als Emblem ein geflügeltes Pferd trägt. Es ist ein gut gewähltes Symbol, das uns an die stolze Vergangenheit der Mongolen gemahnen soll, als sie auf ihren zähen, kleinen Pferden fast die gesamte bekannte Welt eroberten. Ein paar Jahrhunderte lang besaßen sie das größte Reich, das die Welt je gesehen hat. Doch im Jahr 1989 ist das geflügelte Pferd noch weitaus mehr ein Sinnbild für die sich tapfer entwickelnde mongolische Tourismusindustrie. Genau in diesem Jahr ziehen die Russen aus der Mongolei ab, über die sie seit 1922 eine Vormachtstellung ausübten, und jetzt muß das Land zusehen, wie es allein zurechtkommt.

Mutig rollt unser Bus hinaus auf die Steppe und in die Wüste Gobi. In der Mongolei gibt es nur wenige Straßen, meist nur ein paar Fahrspuren von Lastwagen, die durchs Land navigierten wie ein Schiff auf dem Meer. Oft sind Fahrzeuge aus reinem Mutwillen in Achten und Kreisen gefahren, und deshalb folgt nie jemand sklavisch der Reifenspur eines anderen. »Starke Strömungen mit eigenen Wellen durchziehen die Meere«, sagen die Mongolen sicher eigensinnig auf Mongolisch, und aus eigener Kraft tuckert auch unser robuster russischer Bus durch die Sanddünen, bei der Orientierung der Erinnerung an einen fernen Stern folgend.

Theoretisch gehört noch ein weiteres Fahrzeug zu uns. Ein blauer Laster, der Essen, Zelt und Gepäck befördert, und ursprünglich war es so gedacht, daß er uns aus dem Sand ziehen sollte, wenn wir uns einmal festführen. In der Praxis halten der Fahrer und sein Assistent unser langsames Vogelgucken nicht aus. Jeden Morgen nehmen sie die Anweisung entgegen, sich hinter uns zu halten. Jeden Morgen entern sie erleichtert ihr Führerhaus, geben Gas und preschen davon. Oft genug genau in die entgegengesetzte Richtung, und ich kann den Umstand, daß wir uns jeden Abend wiedersehen, nur damit erklären, daß die Erde rund ist.

Wir aber müssen nun selbst schieben, wenn wir im Sand festsitzen, und unser Fahrer muß sich allein orientieren. Einmal haben wir den Fehler begangen, mehrere Stunden lang einem blauen Laster zu folgen, der in einer Staubwolke am Horizont dahinfuhr. Am Ende stellte sich heraus, daß es nicht unserer, sondern ein ganz anderer Laster war – wahrscheinlich gibt es Tausende russische LKWs dieses Fabrikats in der Mongolei.

Unser Fahrer ist sich selbst überlassen und uns. Also drückt er den Hut in die Stirn und gibt Gas. Bald lernen wir, auf den Hut zu achten, wenn wir etwas über unsere Situation erfahren wollen. Solange er fest auf dem Kopf sitzt, ist alles in schönster Ordnung. Werden Zweifel und Unsicherheit wach, wird er abgenommen. Dann wissen wir, daß eine längere Konferenz mit unserem Reiseleiter ansteht, der aus Ulan Bator kommt, ein Stadtkind und noch sehr jung ist. Er findet es schwierig, klare Anweisungen wie ein westlicher Guide zu erteilen, was sich in orientalischen Ohren auch sicher wie Peitschenknallen anhört. Nach einer solchen Lagebesprechung seufzt der Busfahrer tief, trifft seinen eigenen Entschluß, setzt den Hut auf und gibt Gas.

So weit, so gut, bis wir anfangen, im Sand einzusinken. Wir beobachten gespannt den Hut, und sehr richtig, am Ende fliegt er herab, und eine ratlose Hand fährt durchs Haar. Das ist das Zeichen: Jetzt heißt es aussteigen und schieben.

Bis zum Orog Nur war es eine relativ leichte Tagesetappe. Es gibt ein paar Wasseransammlungen hier und da auf der Steppe und Vögel, die wir nicht erwartet haben, Bindenseeadler zum Beispiel, die seltene indische Streifengans und sogar Schwanengänse. Die Steppe schwirrt vor Ohrenlerchen, Schafstelzen, Zitronenstelzen und Feldlerchen, Kraniche zeichnen sich vor dem Horizont ab. Im Orog Nur aber gibt es kein Wasser, und der Fahrer hat den Hut abgesetzt.

Wir beratschlagen uns mit einigen Hirten, die mal eben auf ihren Pferden herübergekommen sind. Der Dolmetscher übersetzt die scharfen westlichen Fragen in ein höflicheres Idiom, und nach langem Palaver rücken sie damit heraus, daß in weiter Ferne ein anderer See existiert, Boon Tsagaan Nuur. Dort soll es Möwen geben. Eigentlich wollten wir gar nicht in diese Richtung, aber andererseits haben wir noch zwei Wochen Zeit und sind mit Proviant und Zelten ausgerüstet. Was also hindert uns?

Der See ist sogar auf der Karte verzeichnet, folglich sollte es nicht unmöglich sein, ihn zu finden. Es macht nichts, wenn wir das Altai-Gebirge etwas später als geplant erreichen. Ehe wir aufbrechen können, müssen wir noch auf den Begleitlaster warten, das Lager aufschlagen und festlegen, welcher Route wir am nächsten Tag folgen wollen.

Wie durch ein Wunder offenbart sich der LKW auch an diesem Abend. Fahrer und Beifahrer nicken und lächeln huldvoll. Ja, sicher, diese Richtung sollen wir einschlagen, und sie werden uns auf dem Fuß folgen wie ein Hund. Ungefähr zweihundert Meter halten sie es durch, dann überholen sie. In wirbelndem Staub verschwinden sie hinter dem Horizont. Wir sind schon fast eine Woche mit ihnen unterwegs und wissen, daß sie uns gewöhnlich finden. Das Problem liegt mehr darin, wie wir, auf uns gestellt, den See finden sollen. Aber der Busfahrer hat den Hut auf dem Kopf und scheint alles unter Kontrolle zu haben.

Das ist auch gut so, denn jetzt sind wir richtig auf der mongolischen Steppe. Es ist weit von Schaf zu Schaf oder Kamel zu Kamel, und oft fahren wir eine geschlagene Stunde, ohne ein einziges *ger* zu sehen. Wenn wir eins sichten, fährt der Busfahrer stets darauf zu, um nach dem Weg zu fragen, und wir bekommen viele und beredte Auskünfte.

Hilfsbereite Hände weisen, soweit ich sehen kann, in sämtliche Himmelsrichtungen, und man kann nur hoffen, daß sie die Richtungen angeben, in die wir *nicht* fahren sollen, und sich im Grunde alle einig sind, wo es zum Boon Tsagaan Nuur geht. Jedenfalls stülpt sich der Chauffeur den Hut aufs Schädeldach und legt los.

Der Untergrund ist nicht gerade ein Tanzboden. Der Bus ist bewundernswert kräftig und robust und hält alles mögliche aus. Er ist ein Arbeitspferd und keine Luxuskarosse. Auf Federungskomfort wurde bei der Herstellung nicht viel Aufmerksamkeit verschwendet. Es schleudert uns umher wie Wäsche in der Maschine, und ab und zu knallt jemand mit dem Kopf gegen das Dach.

Stunde um Stunde arbeiten wir uns voran, immer heftiger durchgerüttelt. Es kommt buchstäblich darauf an, die Zunge zu hüten, denn wenn man unvorsichtig den Mund aufmacht, beißt man sie sich ab. Manchmal steigen wir aus und schieben, manchmal bleibt der Motor aus Protest stehen. Dann aber weiß der Fahrer genau, was zu tun ist. Er nimmt nicht einmal den Hut ab, sondern hastet nach draußen, reißt die Motorhaube auf, fuhrwerkt ein wenig darunter herum, zieht eine gewaltige Kurbel hervor und wirft den Motor an. Wieder unterwegs, bewegen wir uns mittlerweile in derart abgelegenen Trakten, daß die staunenden Kaninchen, Steppenmurmeltiere und Erdhörnchen, die uns angaffen, sicher noch nie im Leben Menschen gesehen haben.

Hier irgendwo stürmten damals die Mongolenscharen los, jetzt aber ist die Landschaft leer und öde von Horizont zu Horizont. Mit klappernden Zähnen und schütternden Knochen hocken wir im Bus und hüten unsere Zungen und hoffen, daß wir genügend Diesel haben und der Begleitlaster weiß, wohin wir fahren.

Nach vielen Stunden taucht mitten in der Einöde ein Hinweisschild mit viel Text auf. Völlig deplaziert, und die Gruppe klappt gedankenlos den Mund auf und fragt mich, was da steht.

Der Umstand, daß ich kyrillische Schrift lesen kann, bedeutet allerdings nicht gleich, daß ich auch Mongolisch verstehe. Aber ich will nicht negativ sein, sondern erkläre, das Schild weise auf einen Badeort mit zugehörigem Yachthafen.

»Haha«, sagen sie. Wir schaukeln weiter, schlimmer als zuvor. Den ganzen Tag haben wir uns durch einen weiten Umkreis von Luftspiegelungen bewegt. Seit dem Morgen blinkten rings um die sandige Ebene Seen, jetzt aber sehen wir eine ganz neue Art von Täuschung: Drei spitze Dächer, die über dem Blinken aufragen.

»Seht ihr«, sage ich, »Badehütten!«

»Haha«, antworten sie, etwas verunsichert. Wir sind so durcheinandergerüttelt, daß uns gar nichts mehr richtig wirklich vorkommt. Der Fahrer hält unbeirrt Kurs auf die drei Sinnestäuschungen. Die Spiegelungen werden schmaler und schmaler, und als wir näher kommen, erkennen wir, daß meine Badehütten drei Übernachtungspavillons in chinesischem Stil sind. Unterhalb in einer Senke liegt ein See!

Boon Tsagaan Nuur. Verblüffend groß – wir sehen nicht einmal das andere Ufer – und weiß unter dem Wolkenhimmel. Darüber kreisen Möwen und Seeschwalben. Nur kurze Zeit später ruft schon jemand: »Reliktmöwen!«

Es ist einer unserer Top-Ornithologen und daher vielleicht nicht nur Wunschdenken, und als der Bus bei den Hütten anhält, stürzen wir alle Hals über Kopf hinaus. In der zunehmenden Dämmerung wollen einige tatsächlich eine Reliktmöwe, vielleicht sogar zwei, zwischen all den Lachmöwen ausmachen, die über dem See fliegen.

Die Anlage scheint einmal so etwas wie eine Sommerfrische für Parteibonzen gewesen zu sein, durfte danach aber verfallen. Da es niemanden gibt, den wir fragen könnten, nehmen wir sie einfach in Besitz. Die Frauen bekommen ein Haus für sich, die Männer ebenfalls und die Mongolen das dritte. Der Lastwagen ist nämlich schon da. Ein Gruppenwitz sagt, sein Erscheinen sei eine Demonstration der schamanistischen Fähigkeiten der Mongolen, durch die Lüfte zu reisen. Wo immer wir auch sein mögen, in welcher Wildnis oder Einöde wir auch unser Lager aufschlagen – der Laster, von dem wir den ganzen Tag über nicht eine Spur gesehen haben, taucht jedesmal kurze Zeit später wie aus dem Nichts auf. Freudige Begrüßungsrufe, und schon fängt der Koch an, unser tägliches Hammelfrikassee zu bereiten, und die Helfer werfen Zelte und Schlafsäcke von der Ladefläche.

Heute dürfen zumindest die Zelte endlich einmal oben bleiben, und wir können uns in den Hütten breitmachen. Jede besteht nur aus einem Raum. Der Steppenwind pfeift durch Ritzen in Wänden und Boden, aber nach einer Woche Zeltleben empfinden wir es dennoch als schieren Luxus. Allein schon, daß es ruhig ist und aufgehört hat zu schaukeln, ist himmlisch. Nun ja, nicht ganz still, denn selbst im Dunkeln setzen die Vögel ihr Gekreisch über dem See fort. Wir essen draußen in Wind und Dunkelheit und lauschen und lächeln. Wir sind angekommen, genau wie die Reliktmöwen.

Am Morgen erkennt man, daß sich auch der Tsagaan Nuur zurückgezogen hat. Die Hütten, die einmal unmittelbar am Ufer standen, liegen nun fast einen halben Kilometer davon entfernt. Eine Herde Mongolenpferde grast auf dem alten Seeboden. In der Morgendämmerung wandern wir zum See hinab. Im ersten Licht steigen große Wolken von Möwen auf. Es gibt hier eine bedeutende Kolonie von Raubseeschwalben, sehen wir und freuen uns, denn sowohl im Alakul-See in Kasachstan als auch in der Ordos-Region in der Inneren Mongolei brüten Reliktmöwen zwischen Raubseeschwalben. Unter all den Lachmöwen entdecken wir auch eine Tibetlachmöwe, die offenbar in plötzlichem Enthusiasmus ein Stück zu weit geflogen ist und wohl kaum hier brüten wird.

Vor allem aber sehen wir Reliktmöwen in beruhigender Zahl. Wie kräftige Lachmöwen sehen sie aus, zwar mit stärkerer Augenmarkierung, aber doch leicht mit Lachmöwen zu verwechseln.

Ich betrachte sie mit einer gehörigen Portion Demut. Hätte es nur an mir gelegen, wären sie unentdeckt geblieben. Ich habe kein besonderes Interesse an Möwen, notiere sie meist nur und hake sie ab. Wäre es nur nach mir gegangen, hätte ich lediglich zu berichten gewußt, daß es am Tsagaan Nuur eine Menge Lachmöwen gäbe.

Damit wäre ich in guter Gesellschaft, denn keiner der großen Entdeckungsreisenden, die durch Zentralasien kamen, nicht einmal der naturkundlich interessierte Przewalski, berichtete von einer ungewöhnlichen Möwe. Erst 1963 registrierte man die erste Kolonie in Barun Torei in Kasachstan, die zweite in Alakul, und erst 1971 wurde der Vogel als eigene Art anerkannt. Die Ornithologie hat in den letzten Jahrzehnten gewaltige Fortschritte gemacht. Das liegt vor allem an den immer besseren optischen Geräten, aber auch an der wachsenden Zahl von Vogelliebhabern, die ihre Beobachtungen beisteuern.

Eine Reliktmöwe ist also für westliche Ornithologen ein ganz großes Ding. Mein vergleichsweise geringes Interesse beschämt mich wegen meines Dilettantismus und meiner Vorurteile gegenüber der Gattung Möwe. Wenn es sich dagegen um einen seltenen Watvogel gehandelt hätte, wäre ich vor Freude außer Rand und Band gewesen.

Zwei ganze Tage und drei Nächte gönnen wir uns am See. Er besitzt ein großartiges Vogelleben mit einem reichen Bestand an Watvögeln und Enten. Und an einem der Abende bekomme ich eine konkrete Vorstellung davon, warum die Seen in Zentralasien so unbeständig sind.

Zum Abend hin wird es kühl, doch ich entschließe mich, auf jeden Fall ein Bad zu nehmen. In eine Decke gehüllt, wandele ich zwischen Pferden hinab zum Wasser. Ich klemme Decke und Handtuch unter ein leckes Ruderboot, das letzte Relikt meines Yachthafens, und wate ins Wasser. Es reicht mir knapp über die Knöchel. Ich gehe und gehe, und das Wasser steigt mir widerwillig bis halbwegs zu den Knien. Der Abendwind ist eiskalt, doch das Wasser ist den ganzen Tag über von der Sonne aufgeheizt worden und wunderbar warm. Der Sand unter den Fußsohlen ist weicher und warmer Mongolensand. Ich gehe und gehe, und obwohl mir das Wasser nicht einmal bis zum Knie reicht, kann ich meine Füße nicht sehen. Das Wasser in einem zentralasiatischen Vogelsee ist stark konzentriert, eine leicht salzhaltige Brühe, die nach Soda, Vogelmist und verrottendem organischen Material vom Seeboden riecht, der in einer nicht lange zurückliegenden Vorzeit einmal Steppe war.

Selbst nachdem ich ein paar hundert Meter hinausgewatet bin, reicht mir das Wasser noch nicht übers Knie. So kann ich vermutlich quer durch den See wandeln. Nur die Luft wird zusehends kälter, und schließlich lege ich mich einfach platt in das herrlich warme Wasser. Die Seife schäumt fast gar nicht, aber Sand und Staub werden auch so abgespült, und ich genieße derart die Wärme, daß es mir schwerfällt, aufzustehen und die eiskalte Strecke zu meinem Handtuch zurückzugehen.

Ich bin ganz allein in einem vierzig Zentimeter tiefen See, und es erfüllt mich mit Befriedigung, persönlich dem Geheimnis der wandelnden Seen auf die Spur gekommen zu sein. Nur die Steppe ist beständig. Die Senken sind flach und Regen fällt so sporadisch, daß es nicht viele Jahre dauert, bis ein See austrocknet und sich ein anderer füllt. Sofern du eine Möwe oder Seeschwalbe bist, kannst du dich mit deinen starken und tragenden Flügeln aufmachen und ein neues Brutrevier suchen. Gestern Orog Nur, heute Tsagaan Nuur, morgen wieder Orog Nur oder irgendein anderer.

Im zunehmenden Dämmerlicht oben bei den Datschen der Parteibonzen hat jemand sein Fernglas über den See schweifen lassen und einen vereinzelten Binnenseehund entdeckt, der sich im Wasser wälzt. Der unbekannte Tsagaan-Nuur-Vertreter zu Ihren Diensten, verehrte Leser.

Die Wiederkehr der Kulaken

»Und was passierte mit den Bauern?« frage ich.

Jetzt, im Juni 1989, herrschen andere Zeiten. Der Reiseleiter überlegt keinen Moment, sondern antwortet: »Nach und nach wurden alle deportiert. Nach Norden.«

»Man nannte sie Kulaken?«

»Ja.«

»Und ihr Landbesitz wurde enteignet?«

»Sicher.«

Wir befinden uns im Volkskundemuseum vor Ulan Ude, auf burjätischem Boden. Zunächst unter sowjetischer Leitung, dann mit bemerkenswertem Lokalpatriotismus hat man eine große Anlage errichtet, die das Leben der verschiedenen Völker beleuchtet, die bis zur Revolution hier gelebt haben. Es beginnt mit den Ewenken und geht dann mit den Burjäten weiter. Schließlich befinden wir uns unter wohlhabenden Sibirjaken, deren Wohlstand Ende des 19. Jahrhunderts einen bedeutenden Aufschwung erlebte, als Werchneudinsk, heute Ulan Ude, Knotenpunkt der Transsibirischen Eisenbahn wurde.

Um die Jahrhundertwende hatten die Burjäten eine Menge russischer Eigenarten übernommen und zugewanderte Russen viel von Burjäten und Ewenken gelernt. Die Sibirjaken von heute, das Produkt dieser fruchtbaren Begegnung der Kulturen, sind ein Menschenschlag, der sich nicht so leicht die Butter vom Brot nehmen läßt. Im Kerngebiet der Burjäten um den Baikal-See entstanden vitale Ortschaften mit einer Bevölkerung aus erfolgreichen Bauern, Handwerkern und Eisenbahnarbeitern, die es absolut verstanden, aus den Möglichkeiten der Eisenbahn Vorteil zu ziehen. Vor der Revolution war Sibirien autonom, was die Versorgung mit landwirtschaftlichen Produkten betraf, und exportierte darüber hinaus in großen Mengen Butter.

Es ist faszinierend, Levins/Potapows altes *The Peoples of Siberia* zu lesen. In Zukunft werden sicher bessere Werke zu diesem Thema erscheinen, aber ich hoffe, dieses Fünfziger-Jahre-Opus bleibt als instruktive Einführung in stalinistisches Denken erhalten. Irgendwo – im Buch ebenso wie in Stalins Kopf – verläuft eine haarfeine Grenze zwischen hart arbeitender Landbevölkerung und landbesitzenden Ausbeutern, die das ländliche Proletariat unterdrücken.

Hier, im Volkskundemuseum von Ulan Ude, kann man ein paar Betrachtungen über diese Trennlinie anstellen. Der Kaufmann hat die Bevölkerung derart ausgesaugt, daß er seinen Jubiläums-Torbogen dekorieren und seinen hohen Gartenzaun blau anstreichen konnte. Im Lauf weniger Generationen konnte der burjätische Bauer aus der achteckigen Holzjurte über die Einraumhütte in ein geräumiges Dielenhaus mit mehreren Zimmern und Holzschnitzereien um Fenster und Dachtraufen umziehen. Er hat Mägde und Knechte und mehr Land als er braucht und überschreitet rasch die Grenze, die den selbstversorgenden Sibirjaken vom Kulaken scheidet.

Die, die einmal in diesen sorgfältig restaurierten und eingerichteten Häusern lebten, sind Schatten und verschollen. Sie ruhen nicht auf ihren Friedhöfen, sondern sind irgendwo dort oben im Norden verschwunden. Es läßt sich leicht erkennen, daß der Enthusiasmus, mit dem das Museum eingerichtet wurde, Teil der Aufarbeitung ist, die überall in der ehemaligen Sowjetunion vor sich geht. Wir brauchen etwas Anschauliches und Greifbares, um Prozesse und Verläufe zu begreifen. Der Mann, der von Hand Holz glättet, oder der, der einen Zaun baut, sie richten ein ganzes Volk wieder auf, rehabilitieren eine ganze Kultur.

In Burjätien geht eine gewaltige Erweckung vor sich. Man errichtet neue Tempel, Klöster und burjätische Schulen. Das Burjätische ist in Orten mit ausreichender Schülerzahl wieder als Schulsprache eingeführt worden. In ihrer Gesamtstärke lassen sich die Burjäten mit den Finnlandschweden vergleichen, auch sie zählen knapp 300 000 Menschen, aber sie sind sehr viel sichtbarer, und das Selbstgefühl, einem Volk mit starker regionaler Verankerung anzugehören, wird sehr deutlich.

Auch die Sowjetmacht respektierte die Eigenart des Gebiets und seiner Bevölkerung. Nachdem sich in den zwanziger Jahren die Verhältnisse stabilisiert hatten, wurde die Burjätische Volksrepublik eingerichtet, die im Süden an die Mongolei grenzte und deren Nordgrenze nördlich des Baikal-Sees verlief. Das bedeutete nicht, die Burjäten hätten ein wirkliches Selbstbestimmungsrecht besessen. Im Gefolge der Entkulakisierung und von Stalins Säuberungen soll etwa ein Zehntel der Bevölkerung verschwunden sein.

Auf einer anderen Ebene zeigte die Sowjetmacht den sibirischen Völkern ein wohlwollendes Gesicht. Ebenso wie die christlichen Missionare einige Jahrzehnte zuvor sahen es die Kommunisten als ihre Aufgabe an, Aufklärung und Zivilisation zu verbreiten.

Ihre Minderheitenpolitik war für ihre Zeit relativ fortschrittlich: Es wurden keine aktiven Anstrengungen unternommen, um Sprache und Kultur zu behindern. Vielmehr hing man einem Entwicklungsdenken an, das in der russischen Volkskunde lange tonangebend war: Durch Aufklärung und Schulung würde sich das Niveau in Richtung des sowjetrussischen Ideals heben.

Überall, wo man auf Minderheiten stieß, bemühte man sich, ihnen eine Schriftsprache und eine Literatur zu geben, um auf diesem Weg Aufklärung zu erzielen. Man bildete Lehrer und Pflegepersonal aus den Minoritäten aus. Für einige der kleinen Völkerschaften im Norden, die am Rand des Abgrunds standen, brachte das Sowjetsystem große materielle Vorteile. Aber ein System, das seine schwere Hand auf alte Produktionsweisen legt und funktionierende soziale Systeme durch ein fremdes ersetzt, wirkt, ungeachtet aller guten Absichten, unterdrückend auf die vitalen Elemente einer Kultur.

Die anthropologischen Bücher, die mit Sachkenntnis die Produktionsweisen in den Kulturen, die sie untersuchen, beschrieben haben und mutige Versuche unternahmen, die vorrevolutionären gesellschaftlichen Verhältnisse zu rekonstruieren, gehen schließlich dazu über, auch die Anstrengungen zu schildern, die unternommen wurden, um Sprachen und bedeutende kulturelle Leistungen zu retten. Diese werden bewertet, und selbstverständlich sind es die folkloristischen Elemente, mündliche Überlieferung, Volkstänze, Handwerk und Volkskunst, die als bewahrenswert eingestuft werden. Im gleichen Atemzug hält man fest, daß die Schamanen ausgeräuchert und neutralisiert worden sind (wie, erfahren wir nicht) und daß das Volk nun endlich vom religiösen Aberglauben befreit ist, der es früher versklavte. Nun lebt man in properen russischen Häuschen und wird durch Hygieneinspektionen überwacht. Wie eine rituelle Formel heißt es am Ende jedes Kapitels, daß das betreffende Volk nunmehr Unterwäsche trage.

Die segensreiche Unterwäsche als Maßstab für den Grad an Zivilisiertheit grüßt den späteren Leser mit amüsiertem Gelächter. Alles schon mal dagewesen, und bestimmte tragende Gedanken marschieren siegreich quer durch alle politischen Systeme. In den zwanziger und dreißiger Jahren, als man den Ureinwohnern Sibiriens Hygiene und Unterwäsche verpaßte, war man gleichzeitig auch in Finnland mit seiner entgegengesetzten Gesellschaftsordnung energisch dabei, das Licht der Hygiene in die Hütten zu tragen. Im Kampf gegen die Tuberkulose drangen die

Gesundheitshelferinnen noch in das Allerprivateste ein. Ebenso wußten auch alle Kolonialmächte der Welt stets, was für die Völker unter ihrer Obhut das beste war. Noch im Jahrzehnt nach 1980 lief in Tansania eine Kampagne, die Massai in Hosen zu stecken – auch sie eine Etappe auf dem Pfad zu höherer Entwicklung, den man von offizieller Seite verfolgte.

Vielleicht sind wir doch alle in höherem Grad Produkte unserer Zeit als der politischen Systeme, in denen wir leben. Die Bemühungen zur Hebung der allgemeinen Bildung des Volkes waren in der Sowjetunion der dreißiger Jahre nicht geringer als in den Volksbildungswerken anderswo in Europa, Amerika, Asien oder Australien. Die dreißiger Jahre waren nirgendwo auf der Welt eine gute Zeit für die Urbevölkerungen. Doch die verschiedenen Völkerschaften der alten Union lebten alle unter dem Sowjetsystem, und deswegen richtet sich auch ihre Befreiung dagegen.

Hier stehen sie nun, die Bauernhäuser, Kaufläden, Kirche und Vorratsspeicher, Ehrenmale in Holz. In der südsibirischen Taiga wächst Baum neben Baum, man braucht nicht gerade klein zu bauen. In Sibirien gab es keine Feudalherren und keine Leibeigenschaft, Grund und Boden waren billig. Durch eigene harte Arbeit konnte nahezu jeder zum Kulaken werden. Mit der gleichen Elle gemessen, hätte man jeden finnischen Bauern ins nördliche Sibirien verbannen können.

Die Historie legt Schicht auf Schicht. Hinter russischen Namen schauen burjätische Gesichter hervor. Hinter den Burjäten, dem Mongolvolk, das die Taiga eroberte und dort zu Viehzüchtern und allmählich zu Bauern wurde, verbergen sich die Ewenken, und hinter ihnen erkennt man noch Spuren der paläoasiatischen Urbevölkerung, die hier seit der frühesten Steinzeit ihre weit verstreuten Sitze hatte.

Ganz stratigraphisch lassen sich die verschiedenen Schichten im Boden lesen. Unter den vernachlässigten Straßen in Ulan Ude und unter den Eisenbahnschwellen liegen Äcker und Wiesen eines Bauern. Unter dem Acker ahnt man die klopfenden Hufe der zähen Burjätenpferde. Darunter die leichten Fußabdrücke eines Jägers und Sammlers, eines Ewenken, der noch vor zweihundertfünfzig Jahren nicht sehr anders lebte als die Steinzeitmenschen, die sich mit einigem Recht als die einzigen richtigen Menschen auf der Erde betrachteten.

Ich selbst gehöre der bäuerlichen Kultur an. Ich kann in jedes beliebige Bauernhaus treten und an der Tür darauf warten, ins Innere gebeten zu werden. Dann würde ich auf der Küchenbank Platz nehmen und genau wissen, wie ich mich zu benehmen hätte. Trotzdem liebe ich die Jäger und Sammler am meisten, und am liebsten gehe ich zu dem kleinen Ewenken-Lager, das man am Rand des Museumsareals aufgebaut hat.

Auf einem umgedrehten Boot sitzt eine sehr kleine Frau mit ihrem Enkelkind, einem Jungen von vielleicht vier Jahren. Sie tut nichts, erklärt auch dem Jungen nichts, sitzt nur da und sieht freundlich drein. Sie ähnelt stark einer Buschmannfrau, die in ihrem Lager Besuch bekommt. Ich möchte sie gern fragen, ob sie Ewenkin ist, weiß aber nicht, ob es als unhöflich gilt, aufzukreuzen und solche Fragen zu stellen; also grüße ich nur und lasse ein paar allgemeine Phrasen darüber, wie interessant das Museum ist, vom Stapel. Sie sieht ein wenig erstaunt drein, lächelt und pflichtet mir bei. Russisch ist für uns beide eine fremde, angeeignete Sprache, und mehr wird nicht gesagt. Sie aber hockt auf die gleiche Weise auf dem umgedrehten Boot, als würde sie sich gerade bei sich zuhause auf der Bank ein wenig ausruhen, wie ich eine Bauernstube betreten und mich zuhause fühlen kann.

Neben dem Ewenken-Lager befindet sich eine Schamanenhütte. Sie sieht wie eine x-beliebige Hütte aus, doch davor leuchten frisch geschnitzte, fliegende Holzvögel auf hohen Pfosten. Vielleicht stellen sie Schwäne oder Gänse dar; das wichtige ist jedoch, daß sie die Geistervögel symbolisieren, mit deren Hilfe der Schamane zwischen den verschiedenen Welten umherreisen kann.

Die mittlere Welt, die, die wir betreten, weist noch viele ihrer uralten Eigenarten auf. In einer Bucht am Nordende des Baikal-Sees hält sich eine große Zahl von Singschwänen auf. Manchmal fliegen sie trompetend über Nischni-Angarsk. Gänse und Watvögel ziehen entlang der gleichen Routen, die sie seit Anbeginn der Zeit benutzen. Der Baikal-See selbst liegt seit fünfundzwanzig Millionen Jahren da und ist der älteste See der Welt. In seinem Bauch schwimmen Fische, die es nur hier gibt. Der Mensch bewegt sich auf der Oberfläche und scharrt ein bißchen im Ufersand, ansonsten aber bleiben die obere und die untere Welt unberührt.

Ein Stück weit außerhalb von Nischni-Angarsk ist die Erde am See abgeflacht und zerwühlt. Am Ufer liegen Eisenschrott und ein verrostetes Wrack. Jugendliche veranstalten Motorradrallyes dorthin, weil dort anscheinend die Fische gut beißen. Aber nach einer kurzen Bootsfahrt zur nächstgelegenen Insel gibt es im Sand nur noch die Fußabdrücke von Fischern. Überraschend stoße ich ein wenig oberhalb des Sandstrands auf einen Windschutz von der Art, wie ihn Jäger- und Sammlervölker auf der ganzen Welt anlegen. Auf der Leeseite des Windschutzes finden sich die Spuren eines kleinen Lagerfeuers im Sand.

Sibirien ist groß, und das Land ist so dünn besiedelt, daß es wenigstens streckenweise so aussieht, als könnte es sich erholen. Der, der hier für seine eigene Bequemlichkeit den Windschutz errichtete, rehabilitierte eine ganze Kultur.

DER NEUE WALD VON NOVOSELENGINSK

Irgendwo draußen im Selenga-Delta, dem großen Feuchtgebiet, das der Fluß auf seinem Weg zum Baikal-See bildet, befindet sich ein kleines Sportanglerlager. In dem eigentlichen Wohnhaus lebt ein älteres Paar, das das Lager leitet. Auf der anderen Seite des Flusses liegt eine Hühnerfarm. Vielleicht war der Übernachtungstrakt für die Sportfischer früher einmal ein Hühnerstall, der Vorgänger der modernen Ableger auf der Farm. Die Gäste essen im großen Haus. Die Verpflegung folgt den Prinzipien der Selbstversorgung: Fische kommen aus der Selenga, Kartoffeln aus dem eigenen Garten, und die Blaubeermarmelade auf dem Tisch stammt aus dem Wald.

Jetzt beherbergt das Lager zum ersten Mal ausländische Gäste, eine internationale Gruppe von Vogelbeobachtern. Das Wirtspaar hat gute Verbindungen zur nationalen burjätischen Volkskulturtruppe, die Frau des Hauses hat ihr selbst einmal angehört. Für den besonderen Anlaß hat sie drei andere Frauen aus der Truppe aufgeboten. Sie singen und tanzen für uns einen traditionellen Begrüßungstanz, während der Hausherr uns allen einen Trunk Kumys aus einer Holzschale anbietet. Die Sonne geht allmählich über dem Fluß unter, Schwalben schwirren durch die milde Abendluft. Die kleine Freifläche zwischen Haus und Plumpsklo ist lehmig und uneben, die Brennesseln an den Hausecken stehen völlig unbewegt in der abendlichen Windstille. Wer auf dem Land geboren ist, zu ebener Erde, wird sich hier immer mehr zuhause fühlen als in den großen sibirischen Städten.

Das Ganze erinnert ein wenig an einen kleinen finnischen Bauernhof in den fünfziger Jahren. Irgendwer hat Geburtstag, und der Chor steht draußen und singt, während die Schwalben umherschießen und die Nesseln still an der Hausecke stehen. Innerhalb der vier Wände herrscht nicht gerade Überfluß, aber als wir herzlich zu Tisch gebeten werden, weiß man, daß hier nicht geknausert wird.

Es gibt Wodka und Pflaumenwein zu den verschiedenen Gerichten: der überall in Rußland anzutreffenden Vorspeise aus Gurken in saurer Sahne, sauer eingelegtem Fisch, Fisch im Teigmantel, ofengebackenem Omul (von seiner Wanderung in den Baikal-See abgehalten) und eingelegten Früchten – ein unglaubliches Festmahl. Wir essen, halten Reden, drücken unser gegenseitiges Wohlwollen aus und wünschen einander Glück und Erfolg. Wenn alles gutgeht, wird hier in ein paar Jahren ein feines, kleines Hotel stehen.

Jeder neue Besuch bei den Burjäten steigert meine Bewunderung für sie. Ich bin sicher, daß sie es schaffen werden. Trotzdem finde ich es irgendwie schöner, wie es ist. Man muß ja kein Geheimnis daraus machen, daß eine der tiefsten Ursachen für die Vorliebe meiner Generation für das russische Landleben darin liegt, daß es uns in unsere eigene Kindheit in den Fünfzigern zurückversetzt. Die Welt war neu, alles wie es sein sollte, und wir trugen noch keine Verantwortung.

Wer hat gesagt, daß man sich andauernd waschen müsse? Wer behauptet, es sei primitiv, sich einen Weg zum Klo zwischen Brennesseln und neugierigen Kälbern zu bahnen und festzustellen, daß sich die Tür nicht abschließen läßt? Es geht doch lediglich um ein paar Tage. Wohnte man für länger hier, würde man schon eine Waschschüssel und einen Krug in einer Ecke installieren und auf die Weise auch rein und sauber werden. Jetzt geht es aber ebenso einmal, sich die Hände in der Selenga zu waschen und mit dem Baden zu warten, bis wir nach Ulan Ude kommen.

So spät im Frühjahr oder im Frühsommer ist das Selenga-Delta voller Reize, auch wenn man kein Vogelfreund ist. Wir aber, die wir es sind, brauchen keine weiteren Aufforderungen. Wir ziehen die Stiefel an und begeben uns hinaus in die großen Feuchtgebiete, ein vierzig Kilometer breites Delta, das sich wankelmütig über den Untergrund verbreitet, ehe sich der Fluß zusammennimmt und in den Baikal-See mündet. Die Selenga beginnt als kleines Rinnsal auf der mongolischen Steppe und fließt dann mehr als tausend Kilometer dahin, ehe sie den Baikal erreicht. Bis dahin ist sie längst zu einem mächtigen Strom geworden, der dem See mehr als die Hälfte allen Wassers zuführt, das ihn jährlich erreicht. Sie ist auch eine der größten Verunreinigungsquellen für den See, die jede Menge Abwässer diverser Industrieanlagen und ungeklärten Dreck aus Ulan Ude einleitet. In diesem Wasser tummelt sich der größte Teil der Omulbestände. Sie sind bedroht, und der kommerzielle Fang ist seit einigen Jahren verboten. Unsere Gastgeber aber versichern uns, dem Omul gehe es gut, und das Wasser sieht klar und sauber aus. Was soll man nun glauben?

Im Moment sind wir allerdings mehr an dem seltenen und nur äußerst lokal auftretenden Steppenschlammläufer interessiert, der hier vorkommen soll. Er ist ein Watvogel mit einem Schnabel wie eine Uferschnepfe, hohen Stelzen und einem orangeroten Prachtkleid. Schließlich bekommen wir auch ein paar Exemplare zu Gesicht, rot wie Kupferkessel in der Abendsonne. Pädagogisch geschickt, sehen wir sie erst ganz zum Schluß. Den ganzen Tag über haben wir Wolken von Trauerseeschwalben beobachtet, die in den Auwiesen nisten, sowie Unmengen von Teichwasserläufern und Uferschnepfen, auch unser stattlicher eurasischer Kranich scheint draußen auf den Feuchtwiesen ein gutes Leben zu führen. Die Waldbekassine vollführt die typischen Sturzflüge über ihrem Revier, lästerlich kreischende Raubseeschwalben bilden Kolonien. Unter all den schwärmenden Seeschwalben entdecken wir plötzlich eine vereinzelte Orientbrachseeschwalbe wie ein Vorzeichen am Himmel. Und ganz recht, wenig später stehen wir vor unserem asiatischen Steppenschlammläufer.

Es ist ein unglaublich schöner Tag, mild, warm und nahezu windstill. Grüner als hier wird kein Gras, blauer keine Wasseransammlung. Ein Schelladler hockt am Wegrand und betrachtet einen Muschik, der mit Pferd und Wagen vorüberfährt. Die Straße ist frisch asphaltiert, aber das Pferdchen trippelt brav neben der Fahrbahn, um die Hufe zu schonen. Die Dörfer, durch die wir hierher fuhren, bestanden aus hübsch verzierten sibirischen Holzhäusern. Auf einem Hügel tauschte man die roten Sterne auf den Gräbern gegen orthodoxe Kreuze aus. In der Region gibt es Fisch in den Gewässern, Gemüse in den Gärten und Überfluß an Beeren in den Wäldern. Hier könnte man leicht der Zivilisation den Rücken kehren und wie Captain Frederick Marryats *Children Of The New Forest* leben.

Und das ist genau das, was eine ganze Reihe von Menschen gerade in dieser Gegend auch notgedrungen tun mußten. Das Gebiet von Novoselenginsk südwärts zur mongolischen Grenze hat nämlich eine lokale Berühmtheit erlangt als der Ort, an dem 1825 einige der Helden des mißglückten Dekabristenaufstands gegen den Zaren landeten. Es ist eines der vielen Paradoxa des Sowjetsystems, daß ausgerechnet diese Aristokraten und Intellektuellen, die unter Stalin nicht den Hauch einer Chance gehabt hätten, praktisch zu protokommunistischen Helden hochstilisiert wurden. Eine Voraussetzung dafür war sicherlich, daß sie bereits selig entschlafen waren. So konnte man sich lediglich ein paar passende Thesen heraussuchen. Ganz oben auf ihrem Programm stand die Abschaffung des Absolutismus und der Leibeigenschaft.

Nikolai I. legte eine Mäßigung an den Tag, die die Stalinisten bloß verachtet hätten. Der aufgeklärte Alexander I. hatte die Todesstrafe abgeschafft, und um die Todesurteile zu vollstrecken, die Nikolai in seiner Empörung verhängte, mußte eigens ein Scharfrichter aus England importiert werden. Im Licht späterer Praxis betrachtet, waren es »nur« fünf. Die übrigen Aufständischen wurden nach Sibirien deportiert. Einige von ihnen verfügten über gute Beziehungen zum Hof, viele stammten aus den besten Kreisen, und selbst wenn Nikolai sie als Abschaum betrachtete, waren sie doch ein Abschaum der Crème de la crème und keine gewöhnlichen Kriminellen.

Am Anfang wurden die Sträflinge hart angefaßt und mußten in den berüchtigten Gruben von Nertschinsk arbeiten, aber schon bald lockerte sich das harte Regiment. Als sie in das Gefängnis von Tschita verlegt wurden, erhielten sie eine eigene Abteilung und einen humanen Gefängnisdirektor. Dort ging es den Dekabristen und den Ehefrauen, die ihnen gefolgt waren, so gut, daß sie es regelrecht bedauerten, nach Petrowski-Sawod (heute Petrowsk-Sabaikalski) verlegt zu werden, wo man allein für sie ein Spezialgefängnis erbaut hatte.

Während ihrer Haft bildeten die 121 Dekabristen eine Freundesvereinigung. Die unter ihnen, die von zuhause Geld geschickt bekamen, teilten es mit den Kameraden, die nicht über derartige Mittelzuflüsse verfügten. Man las und lernte zusammen, anfangs oft Russisch, das einige von ihnen nur notdürftig beherrschten. Damals war noch immer Französisch die erste Sprache der russischen Aristokratie. Die Dekabristenfrauen, die ihren Männern gefolgt waren, wurden zu einem wichtigen Bindeglied nach Rußland und Europa. Durch sie konnten sie eine umfangreiche Korrespondenz aufrechterhalten, sie besorgten Bücher und abonnierten Zeitschriften in mehreren Sprachen. Nicht weniger wichtig waren die Briefchen mit Pflanzensamen, die durch Vermittlung der Frauen nach Sibirien kamen. Die Gefängnisgärten in Tschita waren eine Sehenswürdigkeit der Gegend, und hier wurde eine

Vielzahl von Kräutern und Gemüse zum ersten Mal in Sibirien angebaut.

Ein Dasein, mit anderen Worten, das den Veteranen aus den Lagern Stalins und späterer Regime die Sprache verschlägt. Allein schon, daß die Gefängnisse in Tschita und Petrowski-Sawod Einzelzellen besaßen! Daß sie Besuch von ihren Ehefrauen erhielten! Daß es nach der ersten Zeit in den Gruben keine Arbeitspflicht gab! Daß es Zeit zum Lesen, Diskutieren und Studieren gab! Briefwechsel, Bücher und ausländische Zeitschriften! Pakete! Man hatte so viel Angst, die Dekabristen könnten zu Märtyrern werden, daß von offizieller Seite stets eine Korrespondenz über ihre Ernährung und ihren Gesundheitszustand geführt wurde.

Trotzdem besteht natürlich kein Grund, die Vorzugsbehandlung, die die Dekabristen genossen, zu übertreiben. Aus dem Blickwinkel ihrer Zeit betrachtet, hatten sie es schlimm genug. Sie waren auf Lebenszeit verbannt und aller Titel und Würden entkleidet. Die Kinder, die in der Gefangenschaft zur Welt kamen, wurden offiziell als illegitim betrachtet. Die Frauen, die ihre Männer begleiteten, wußten, daß sie nicht zurückkehren durften und das Recht verwirkten, ihre Kinder wiederzusehen, die sie zurückgelassen hatten. Nach der Haftzeit stand ihnen lebenslange Verbannung in einem Sibirien bevor, das in den Salons von Petersburg Angst und Beklemmung auslöste.

Vor dem Hintergrund späterer Straflager in Sibirien ist es allerdings bemerkenswert, daß sich die Sowjetregierung in einer bestimmten Periode entschloß, das Schicksal der Dekabristen als ganz besonders bemitleidenswert anzusehen, als Exempel für die verabscheuenswerte Grausamkeit des Zarismus.

Das alles erklärt mein großes Interesse, mit dem ich nach Novoselenginsk komme. Auf ihrem Lauf von der mongolischen Grenze fließt die Selenga hier majestätisch durch ein Stromtal, das gesäumt wird von hohen, blauen Bergen, die noch im Juni Schnee auf den Gipfeln tragen. In dieser Gegend ließ sich ein Teil der Dekabristen nieder. Heute steht hier ihnen zu Ehren ein prachtvolles Monument. Die Stelle ist gut gewählt: wild, wüst und außerordentlich schön. Als weiteres visuelles Hilfsmittel der Erinnerung ist man gerade emsig dabei, eine kleine Ortschaft aufzubauen. Es soll ein Film über die Dekabristen gedreht werden.

Nein, ich weiß nicht, ob der Film in den letzten Tagen des Sowjetsystems jemals gedreht wurde. Die Arbeiter hatten auch keine Ahnung, ob das Dorf als dauerhafte Touristenattraktion stehenbleiben oder nach Ende der Dreharbeiten abgerissen werden sollte. Ein Potemkinsches Dorf ist es jedenfalls nicht. Vielmehr hat man solide alte Häuser und Schuppen hierher transportiert, und zur Krönung ist man auch noch dabei, aus dem Holz eines schönen alten Blockhauses eine Kirche zu bauen.

Vieles in der zerfallenden Sowjetunion hört nicht auf, mich zu erstaunen. Auf irgendeiner Ebene hat es noch im Frühsommer des Jahres 1990 jemand geschafft, die Dreherlaubnis und die Mittel für einen Film zu bekommen, der komplett an authentischen Schauplätzen in Novoselenginsk gedreht werden soll. Zu diesem Zweck darf man sogar noch ein komplettes sibirisches Dorf des achtzehnten Jahrhunderts nachbauen. Keine billige Studioproduktion mit dazwischengeschnittenen Landschaftsaufnahmen also, sondern eine ganz authentische Sache, die nach Holz, Mohn und Iris duftet, die entlang des Flußtals wachsen und den Taleinschnitten zwischen den Bergen hinaus in die mongolische Steppe folgen.

Was für ein Film das werden könnte! Die Umgebung ist schön wie im Bilderbuch und das Dorf authentischer als die Wirklichkeit. Die Lebenswege der Dekabristen sind romantisch und dramatisch und bis zum Rand gefüllt mit gutem Stoff. Nehmen wir nur die Fürstin Trubetzkaya, die im Schlitten in nur 27 Tagen die Strecke von Moskau nach Nertschinsk zurücklegte – ein Rekord, der erst von der Transsibirischen Eisenbahn gebrochen wurde. Oder die Fürstin Volkonskaya, die man die Fürstin von Sibirien nannte. Oder meinen speziellen Favoriten, Andre Rosen, mit einer Vorgeschichte in der finnischen Garde.

Kompetent, ausgeglichen, zuverlässig und freundlich – das war Andre Rosen. Sowohl seine Dekabristenbrüder als auch die Gefängnisleitung wandten sich an ihn, wenn irgend etwas organisiert werden mußte. So finden wir ihn im Sommer 1828 an der Spitze einer kleinen Vorausabteilung mitten im Blaubeerwald. Sämtliche Gefängnisinsassen befinden sich zur Verlegung auf dem Marsch von Tschita nach Petrowski-Sawod. Er ist mit der Aufgabe betraut, für den Rest des Trecks geeignete Lagerplätze zu finden. Draußen in der Taiga hört er plötzlich Hufschlag. Es ist seine polnische Gräfin, die drei Jahre um die Erlaubnis gekämpft hat, nach Sibirien reisen zu dürfen. In Irkutsk, wo sie von der Verlegung erfahren hat, hat sie ihre Kutsche zurückgelassen und ist zu Pferd weitergeritten. Und er steht da, mit Blaubeerflecken an den Knien.

Dreißig Jahre lebten die Verbannten in Sibirien, ehe eine Amnestie Alexanders II. ihnen erlaubte, nach Europa zurückzukehren.

Einige, die nichts mehr an ihr früheres Leben band, zogen es vor, zu bleiben. Die Mehrzahl, gealtert und mit einer Lebenserfahrung, die sie von ihren Zeitgenossen in Westrußland unterschied, machte sich auf den Heimweg. Viele wurden geehrt und bewundert. Ihnen schien kein größeres soziales Stigma anzuhaften, und ihre Kinder erhielten den Rang zurück, zu dem sie geboren waren. Unser Freund Andre Rosen zum Beispiel ließ sich auf den Landgütern seiner Frau vor den Toren von Charkow nieder. Dort setzte er seine Erfahrungen aus der Freundesvereinigung um und gründete eine Volksschule und eine Sparkasse. Er und einige andere schrieben ihre Memoiren. Eine Handvoll von ihnen erlebte noch die Abschaffung der Leibeigenschaft 1862. Noch zu Lebzeiten sahen sie mit an, wie ihr Aufstand und ihre sibirische Erniedrigung von den Zeitgenossen mehr und mehr in einen romantischen Schimmer getaucht wurden. Später sollten sie als heroische Vorbilder benutzt werden von einem neuen Regime, das die Autokratie der Alexander und Nikolais als hoffnungslos liberal erscheinen ließ.

An einem Sommertag in der Gegenwart erscheint der Verbannungsort im Vergleich mit den verfallenden russischen Städten so idyllisch, daß sich der romantische Schimmer unweigerlich noch verstärkt, so sehr man sich auch Mühe gibt, das Bild wieder zu verdüstern. Als Kind liebte ich Frederick Marryats *Children of the new forest*, und so sehr ich auch dagegen angehe, fühle ich doch, wie frisch die Luft hier im Vergleich zu den Petersburger Salons ist und wie all die gesunden Aktivitäten Depressionen und düstere Gedanken verjagen.

Daran denke ich auch, als wir in Gusinoje Ozero zu Mittag essen. Wie gewöhnlich ist das Nahrungsangebot knapp, aber mit dem üblichen sibirischen Einfallsreichtum dürfen wir schon einmal mit den Zapfen von Zirbelkiefern beginnen, die uns für eine Weile beschäftigen. Wenn man erst einmal gelernt hat, sie zu zerlegen und an den Inhalt zu kommen, schmecken sie unglaublich lecker und sind außerdem voller Vitamine und Nährstoffe. Ich erinnere mich, daß es dieses zufriedene Abbeißen, Kauen und Spucken ist, was man eine sibirische Konversation nennt. Wie viel solider ist es doch, denke ich vergnügt, als der Petersburger Salonklatsch zu Zeiten der Dekabristen.

Ich weiß, die Dekabristen litten schwer darunter, von allem abgeschnitten zu sein, was sie im verlorenen Rußland schätzten. Die Kälte und die lange Dunkelheit der Winter waren schwer zu ertragen. Sie befanden sich in einer Lage, die sie nicht überblicken konnten, hatten keine Ahnung von der bevorstehenden Amnestie und teilweisen Rehabilitierung, sie konnten nicht das Fazit ziehen, das uns zu der Einschätzung bringt, sie hätten es doch einigermaßen erträglich gehabt. Das hatten sie, sowohl im Vergleich mit dem Schicksal verbannter Krimineller der gleichen Zeit wie auch mit dem Archipel Gulag unserer Epoche.

So ist es nun einmal: Die Wirklichkeit und die Gegenwart wirken so chaotisch, weil sie so unüberschaubar sind. Wir haben keine Ahnung, wie das, worin wir uns gerade befinden, einmal enden wird. Weil sie ein abgeschlossenes Ganzes sind, stehen die Dekabristenrevolte und die sibirische Verbannung in diesem abgeklärten Licht vor uns.

Zu guter Letzt dreht sich alles um den zeitlichen Abstand. Leidenschaft, Angst und Verzweiflung verblassen. Allmählich breitet sich Ruhe über die Geschehnisse. Eines Tages wird der Bericht geschlossen und die letzten Vorgänge landen in den Archiven. Zurück bleibt nur die Geschichte. Sie ersteht noch einmal in einem rekonstruierten Dorf, das authentischer ist als der Ort, den es nachstellt, in einem Tal, einem Fluß, einer Bergszenerie. Ein paar Biographien, ein paar populär gehaltene Bücher. Vorträge, Fernsehproduktionen, einige Filme.

Auch ich bin ja gewissermaßen in Sibirien, um ein blutendes Herz zu archivieren. Auf einer persönlichen Ebene weiß ich, wie der Prozeß vor sich geht vom unabgeschlossenen Moment der Gegenwart bis zum fast fertigen Bild des Tages.

Doch, ich passe ganz gut nach Novoselenginsk. Es bleibt sozusagen ein Schimmer.

INDUSTRIE-ORNITHOLOGIE

Meine Mutter stammte aus der Epoche der Aufklärung, ich aus der Romantik. Die perspektivischen Unterschiede gaben Anlaß zu Konflikten und Mißverständnissen, aber unterwegs erwarb ich mir einen gesunden Respekt vor Faktenwissen. Man fühlt besser, wenn man etwas weiß.

Zuhause besaßen wir Vogelbücher, *Die Flora in Farbe* und *Die Welt der Tiere* in zwei Bänden. Meine Mutter brillierte in dem inzwischen abgeschafften Fach Heimatkunde, und niemand verließ ihre Schule, ohne die vier Hauptgetreidearten und die Namen der Bäume im Wald auswendig zu können. Meine Schwester und ich lernten die Namen der verbreitetsten Vogelarten und Gewächse im gleichen Atemzug, in dem wir sprechen lernten.

Das, was wir mit seinem Namen benennen können, tritt uns auf eine ganz andere Weise entgegen und wird uns vertrauter als »ein Baum«, »eine Blume« oder »ein Vogel«. Es handelt sich um ein magisches Besitzverhältnis: Hat man etwas gelernt, heißt das ganz konkret, daß man es sich angeeignet hat.

Im Anfang sind die Bezeichnungen absolut. Ein Ding kann einfach nicht anders heißen als es heißt. In meinen ersten Jahren dachte ich nie darüber nach, warum Buchfink und Kohlmeise, die ich so gut kannte, ausgerechnet Buchfink und Kohlmeise hießen. Sie hießen wie sie hießen, genau wie ich. Erst als ich älter wurde, vielleicht sechs, fiel mir auf, daß die Bezeichnungen irreführend sein konnten. Der Buchfink hockte durchaus nicht nur in Buchen und die Kohlmeise nicht auf Kohl. Viel häufiger saßen sie in Birken oder Fichten, in einem Weidengestrüpp oder auf dem Balkon.

Später begreift man, daß die Vogelnamen auf bedenklich loser Grundlage zustande gekommen sind und daß sie von Sprache zu Sprache anders lauten. Selbst innerhalb einer Sprache existieren regionale Varianten. Trotz aller Versuche innerhalb des Englischen, das heute als eine Art Jedermannslatein fungiert, Vogelbezeichnungen zu vereinheitlichen, gibt es auf den Britischen Inseln und in den Vereinigten Staaten Parallelnamen, und in den alten britischen Kolonien unterscheiden sich die Namensformen im südlichen und östlichen Afrika voneinander.

Außerdem gibt es heutzutage Vögel, die sich anders verhalten als früher. In der kurzen Zeit, die die Menschheit auf Erden herumtrampelt, haben wir ganz schön in der Natur gehaust, ganz besonders in den letzten zweihundert Jahren. Es gibt Vögel, die von der Bestandsliste verschwunden sind, Vögel, die sich gerade noch am Rand des Abgrunds halten, und es gibt Vögel, die dem Menschen zuflogen und Lebensräume besiedelten, die erst er eröffnet hat. Über diese letztgenannten Arten denke ich eines Tages in Ulan Ude nach, wo uns einheimische Ornithologen einen Tip für einen Platz in der Stadt geben, an dem sie selbst Beobachtungen zu treiben pflegen.

Untereinander tauschen sie sich auf Burjätisch aus und blättern im Flint, um die englischen Namen der Arten nachzuschlagen, die wir dort mit etwas Glück beobachten können.

Dann ziehen wir los zu einem kleinen, verlassenen Industrierevier. Gerade vor uns liegt etwas, das wie eine aufgegebene Zementfabrik aussieht. In dem Regen verheißenden Wetter sind wir dicht eingepackt, und mehrere von uns schleppen ein Stativ mit einem Monoperspektiv auf der Schulter. In der grauen Umgebung ähneln wir eher einer Arbeitsbrigade als einer Gruppe von Dollartouristen.

Der Weg besteht aus feinem, hellen Pulver, wahrscheinlich Kalk aus der Zementfabrik. Darin läuft das östliche Gegenstück zu unserer Felsentaube, die Klippentaube, herum und pickt. Sie ist unwahrscheinlich hübsch und unwahrscheinlich blau. Selbst in dem grauen Zwielicht glänzt und changiert das Blau mit Türkis und Violett, wie es sich für eine Taube gehört. Im Gebüsch hüpfen Feldsperlinge, die in Sibirien weiträumig den Haussparzen ersetzt haben, und wie in sibirischen Städten üblich sehen wir Dohlen und Rabenkrähen.

Im eigentlichen Industriegebiet hat es einmal eine große, offene Fläche gegeben. Jetzt sind dort unmotivierte Löcher, und Schrotthaufen liegen herum, ein Stapel Moniereisen, Balken und zerbröckelnde Betonelemente. Es gab hier einmal Pläne für etwas, das jetzt verfallen darf. In den Löchern blinken Regenpfützen, Weidengebüsch hat sich ein großes Areal erobert, und um ein paar größere Bäume ist ein schütterer Buschwald entstanden. Eine tiefe Kerbe zieht sich quer durch das Gelände – vielleicht ist hier einmal eine Leitung verlaufen, die jetzt verschwunden ist, oder eine Röhre oder ein Kabel. Der Grasbewuchs in ihrer Nähe ist besonders dicht.

Hier gibt es eine ganze Reihe vorzüglicher Kleinstbiotope, und wir halten und lauschen angestrengt. Die burjätischen Ornithologen schauen vergnügt drein. Ja, sie hören Beutelmeisen und Lasurmeisen, dann auch das Gezwitscher eines Sibirischen Meisengimpels, des vielleicht gefallsüchtigsten aller Meisengimpel. Wie Watteaus Schäferinnen, rosaviolett mit Schoß und Schleppe sitzen sie in ein Weidengebüsch drapiert und strahlen in dem plebejischen Umfeld höchste Verfeinerung aus. Auch die Lasurmeise zeigt sich kooperativ, die Beutelmeisen verbleiben noch ein Weilchen im Dickicht und stolzieren dann in ihrer stattlichen Kombination aus Rostbraun mit Klargrau und einer aufreizenden Banditenmaske um die Augen einher.

Wir hören ein paar Singvögel, der Kuckuck ruft, ein Buntspecht klopft, eine Wacholderdrossel hockt auf den Eiern. Weiter drinnen in dem, was vielleicht einmal eine kleine Parkanlage war, stehen die Bäume höher und das Unterholz dichter. Dort sehen wir zwei Blauelstern, die bereits recht weit entwickelte Junge füttern, bis auf weiteres noch ohne den eleganten Schwanz und die herrlich blauen Flügel der Eltern. Das gibt uns Anlaß, über das merkwürdige Verbreitungsgebiet dieses Vogels zu spekulieren. Er kommt nämlich nur in einem relativ begrenzten Gebiet Ostasiens vor und dann plötzlich wieder in Spanien und Portugal. Vielleicht wurden in den Tagen der Ostindienkompanien so viele in Käfigen auf die Pyrenäenhalbinsel verschifft, daß entflogene Exemplare einen lebensfähigen Bestand bilden konnten. Schwerer fällt es, an eine Theorie zu glauben, die besagt, die heute getrennten Populationen hätten ursprünglich einmal in einem zusammenhängenden Verbreitungsgebiet gelebt.

Längs der großen, fast zugewachsenen Rinne hören wir ein Glucken, das uns wie angewurzelt stehenbleiben läßt. Wenn das nicht nach Bartrebhühnern klingt! Eine Art, die an sich nicht selten, aber doch selten zu beobachten ist. Wir hatten sie schließlich in der Mongolei aufgestöbert, nachdem wir die Höhen vor Ulan Bator auf und ab gelaufen waren, und wir erhaschten aus dem Zug einen flüchtigen Blick auf sie auf dem Weg durch eine Bergregion zur russischen Grenze. Und jetzt sind sie hier, in einem aufgegebenen Industriegebiet mitten in Ulan Ude!

Wir verstehen uns ganz gut auf solche Situationen. Einer leitet ein Umgehungsmanöver ein und beginnt die Rebhühner langsam in unsere Richtung zu treiben. Bald tauchen sie im offenen, sandigen Gelände auf. Nur für einen Augenblick, ehe sie in Panik im Gebüsch Schutz suchen, lange genug aber, daß wir das umgedrehte Hufeisen auf dem Bauch erkennen können, schwarz statt kastanienbraun wie beim europäischen Rebhuhn.

»Unglaublich«, sagen wir. »Bartrebhühner unter Meisengimpeln, Beutelmeisen und Lasurmeisen. Willkommen in der Zementfabrik!«

Zufrieden blicken wir auf. Und was sehen wir, wenn nicht einen Baumfalken über dem Gehölz. Kein seltener Vogel in Sibirien, aber doch etwas Besonderes, wo wir uns befinden.

Eine angenehme Vorstellung, daß uns Vögel so weit wie möglich zu ignorieren versuchen. Es scheint, sie unterscheiden nicht zwischen Naturformationen und solchen, die der Mensch hinzugefügt hat. In dem Hochhausgebiet bei mir zuhause jagen Mauersegler mit denselben schrillen Rufen zwischen den Betonwänden wie zwischen den Felsklippen ihres ursprünglichen Lebensraums. Jedermann kann von Vögeln berichten, die Mauern und Dächer, Schornsteine und Dachrinnen, Schuppen und Ställe dankbar für ihre eigenen Zwecke annahmen. Man braucht sich also nicht weiter darüber zu wundern, wenn die Vögel hier ein Industriegebiet in Besitz genommen haben. Sie erkennen ein dienliches Habitat, sobald sie es sehen.

Marie Antoinette
in Nischni-Angarsk

Als man nach dem Krieg das Kraftwerk in Bratsk baute und die Baikal-Amur-Magistrale durch die Taiga nördlich des Baikal-Sees legte, kam ein Strom neuer Zuwanderer nach Sibirien. Die Jugendlichen in der Gegend tauschen noch immer stolz Bratsk- und BAM-Anstecknadeln untereinander. Das kostbarste Prachtstück, das ich von den Jungen bekam, die ich im Sportzentrum von Nischni-Angarsk kennenlernte, ist ein medaillenähnliches Abzeichen zum fünfzehnjährigen Jubiläum der Eröffnung der Bahnlinie.

Es macht unglaublich was her. Wie ein Orden hängt es von einem Anhängesteg, auf dem in Relief auf brandrotem Hintergrund »15 Jahre« steht. Auf der Plakette selbst ist der Baikal-See abgebildet, mit Lärchenwald, einem Fahrzeug zum Bäumefällen und einem riesengroßen Laster. Darum herum läuft am Rand ein rotes Band, zuoberst mit einem Stern, und auf dem Band steht ein komplizierter Text mit lauter Abkürzungen, der, so glaube ich, von der Elektrifizierung der Bahnlinie handelt. Die Rückseite ist silberfarben und trägt die Jahreszahlen 1975–1990 in einem Lorbeerkranz.

Die Jungs möchten im Austausch unbedingt Anstecker aus dem Westen haben. Sie wollen es kaum glauben, als ich ihnen versichere, daß es in der gesamten westlichen Welt nicht derart schöne Abzeichen gibt. Sie halten mich bloß für höflich und schenken mir ihre teuersten Schätze in der Hoffnung, ich würde sie ihnen mit noch schöneren vergelten. Später habe ich dann eine furchtbare Rennerei damit, passable Pins aufzutreiben, die ich nach Nischni-Angarsk schicken kann. Der World Wildlife Fund hat eine ganz anständige Seehund-Anstecknadel, die man ohne Scham im internen Tauschring von Nischni-Angarsk herumzeigen kann. Ansonsten schäme ich mich aber gehörig über die erbärmlichen Pins, die ich meinen neu gewonnenen Freunden schicken muß.

Sie haben mir von einem Schulausflug nach Moskau erzählt. Zuerst brauchten sie fünfzehn Stunden bis zur Bahnlinie der Transsib, und von dort dauerte es noch einmal fünf Tage bis Moskau. Ich wohne ihrer Auffassung nach Lichtjahre von Moskau entfernt, und als ich ihnen erzähle, die Fahrt mit dem Zug würde mich sechzehn Stunden und der Flug gut drei Stunden kosten, glauben sie, ich würde die russischen Zahlwörter nicht richtig beherrschen. Irgendwie haben sie recht: Der wahre Abstand wird nicht in Fahrtzeit, sondern in Erreichbarkeit gemessen, und im Mai 1990 ist Helsingfors aus russischem Blickwinkel immer noch ein gutes Stück weiter von Moskau entfernt als die übersichtlichen sechs Tagesreisen, die es für einen Schulausflug von Nischni-Angarsk in die Hauptstadt braucht.

Es sind aufgeweckte und muntere Jugendliche, die sehr die Abwechslung und die Sensation auskosten, die wir darstellen. Es ist Vorsommer am Baikal, die Schulferien haben anscheinend bereits begonnen, und es herrscht die totale Freiheit. Es sind vor allem die Jungen, die sich trauen, mit mir zu reden, und sie zeigen mir stolz alle Finessen des Sportzentrums. Ich bin davon beeindruckt, wie schnell diese Zehn- bis Elfjährigen mein Russischniveau einordnen und sich daran anpassen. Es macht viel mehr Spaß, sich mit ihnen zu unterhalten als mit einem Erwachsenen.

Alle sind sie am Baikal aufgewachsen, Nischni-Angarsk ist ihre Heimat. Ihre Eltern kamen aus unterschiedlichen Gegenden Rußlands, der Ukraine und Weißrußlands. Jahrelang arbeiteten sie an der BAM, und als die Arbeiten abgeschlossen waren, blieben sie oder wurden zurückgelassen, je nachdem, mit wem man spricht.

Wenn man aus freien Stücken nach Sibirien gekommen ist, wird man vermutlich von all dem Platz und der Freiheit animiert und beflügelt. Die Russen und Ukrainer hier legen nicht die Hände in den Schoß und warten darauf, daß etwas für sie getan wird. Mit vereinten Kräften haben sie am Ufer des Baikal ein schickes und modernes Sportzentrum aufgebaut, wo sie jede Menge Wettkämpfe und andere Aktivitäten veranstalten.

»Kein Problem«, meinten sie, als wir uns nach Übernachtungsmöglichkeiten erkundigten. Das Hotel, an dem sie gerade bauten, war noch nicht fertig, aber sie konnten uns ohne weiteres im Sportzentrum unterbringen.

Ein wenig ist also noch da von dem berühmten Pioniergeist. Er war nicht immer nur von oben inszeniert. In den sechziger und siebziger Jahren blühte ein gewaltiger Enthusiasmus über die unbegrenzten Möglichkeiten Sibiriens. Die gigantischen Bauvorhaben wie die Kraftwerke in Angara und Bratsk oder die BAM waren Symbole für die Kraft der neuen Sowjetunion. Viele junge Menschen sahen hier ihre Zukunftschancen und ließen sich zu heroischen Einsätzen anspornen. Ich stelle mir vor, die fähigen Russen mittleren Alters, die wir im Sportzentrum treffen, waren einmal solche Pioniere.

In den siebziger Jahren wurde nicht viel über Umweltprobleme diskutiert. In den Augen der Technokraten und Funktionäre war die Natur etwas, das gebändigt und unterworfen werden sollte. Es war die Zeit, in der man davon sprach, die großen sibirischen Ströme in ihrem Lauf umzudrehen, um den trockenen Süden zu bewässern. Es war die Zeit, in der man der westsibirischen Tundra in großem Stil ihr Öl, ihr Erdgas und ihre Kohle zu entreißen begann, ein Raubbau, der verheerende Konsequenzen für die Ureinwohner und die empfindliche Ökologie der Tundra nach sich zog. Die Zeitbombe der Atomkraftwerke tickte munter vor sich hin, während radioaktive Abfälle und ausgebrannte Reaktoren einfach im Meer versenkt wurden.

Lange Zeit herrschte ein geradezu viktorianischer Aberglaube an den technischen Fortschritt. Der Baikal-See war es, das blaue Auge Sibiriens, der einen Sinneswandel einleitete. Der See, der älteste und tiefste der Erde, enthält ein Fünftel allen Süßwassers auf dem Globus, mengenmäßig etwa so viel wie das gesamte Wasser der Ostsee, doch allmählich dämmerte die Einsicht, daß es nicht unendliche Selbstreinigungskräfte enthielt. Die großen Sägewerke und Papierfabriken in Baikalsk spien Unmengen von Schadstoffen in den See und zogen die Wälder in weitem Umkreis in Mitleidenschaft. Die Selenga führte Abwässer schon aus der Mongolei mit sich und nahm auch noch sämtliche Verschmutzungen von Ulan Ude auf, ehe sie damit dem See zueilte. Am Nordufer entwickelte sich das schnell wachsende Sewerobaikalsk, eine Nachbarstadt des kleineren Nischni-Angarsk, zu einer rasch größer werdenden Verunreinigungsquelle.

Noch bevor es sicher und erlaubt war, zu demonstrieren, wurde der Baikal Gegenstand der größten Umweltbewegung in der Sowjetunion. Der Ausbau der Industrieanlagen in Baikalsk wurde gestoppt, und man unternahm – zumindest auf dem Papier – Versuche, den Schadstoffausstoß der bereits existierenden Kombinate zu reinigen. Ulan Ude, Listwjanka und Sewerobaikalsk werden genauestens überwacht, man mißt die Luftverschmutzung und kontrolliert die Wasserqualität. Der See lebt, es gibt Hoffnung, aber nirgendwo in dem alten Imperium kann man sich noch von dem Fortschrittsglauben mitreißen lassen, der einmal Sibirien eroberte.

Manchmal spürt man die alte Zugkraft noch. Wir befinden uns auf einer Exkursion in die Bergregion nördlich des Sees. Hier oben sind die Berge noch von Schnee bedeckt, und Flüsse und Bäche sprudeln zwischen vereisten Ufern dahin. Gerade in dem

Moment, in dem ich mich nach einem schmucken Bratsk-Abzeichen bücke, das jemand auf dem Weg verloren hat, hören wir auf den BAM-Gleisen einen Zug näher kommen. In der dünnen Luft hier oben wirkt die Lokomotive noch größer als auf der Transsib-Strecke. In dem klaren Sonnenlicht leuchtet ihre Farbe klarer und dunkelgrüner als die Lärchen und sibirischen Kiefern, die entlang der Bahnlinie stehen, der rote Stern an der Stirn der Lok funkelt wie eine Sonne. Mit hoher Geschwindigkeit donnert die Lokomotive zwischen den Bergen dahin und zieht eine endlose Schlange von Waggons. Nein, es fällt nicht weiter schwer, sich vorzustellen, daß die Eisenbahn einmal als Wunderwerk sowjetischer Ingenieurskunst angesehen wurde.

Im Gegensatz zu der freundlichen, besiedelten Region südlich des Baikal ist der Norden einsam und wild. Unser Versuch, den großen Nationalpark von Bargusin zu besuchen, scheitert an den riesigen Waldbränden, die dort lodern. Auch das Gebiet nordwestlich des Parks wirkt zumindest scheinbar unberührt. Wir fahren im Boot über ein ausgedehntes, nebelverhülltes Meer – denn so heißt der Baikal bei den Einheimischen, nur ein paar neuzeitliche Forscher und Reisende bestehen darauf, ihn See zu nennen. Sonst sehen wir keinen Verkehr. Ein einziges Mal hebt eine neugierige *Nerpa*, eine Baikalrobbe, kurzzeitig den Kopf über die Wasserfläche und betrachtet uns.

Das Wasser ist unglaublich klar: Als wir die kleine Bucht erreichen, an der die Waldhütte liegt, in der wir übernachten sollen, leuchtet der sandige Boden noch aus mehreren Metern Tiefe zu uns herauf. So klar, habe ich gelesen, soll das Wasser des Baikals sein, doch neben mir sitzt ein Spielverderber, der meint, derart klares Wasser könne auch ein gefährliches Zeichen sein. Frisches Wasser sieht so aus, und so sieht Wasser aus, wenn alle Vegetation auf seinem Grund tot ist. Schwer zu sagen, was man glauben soll. Einem Reisenden, der eine erste Einschätzung über einen Ort abgibt, fehlt jegliches Vergleichsmaterial, über das der Ortsansässige selbstverständlich verfügt.

Als wir an Land gehen, finden wir Bärenspuren im Sand und hübsche, kleine Abdrücke von Schalenwild. Etwas weiter oben im Wald liegen herrliche, warme Schwefelquellen. Vor langem schon hat man über der größten von ihnen eine Hütte errichtet, und man kann von dort aus gleich ins warme Wasser steigen. Die Lärchen stehen dicht gedrängt, und Nordischer Laubsänger, Gelbbrauenlaubsänger und Goldhähnchenlaubsänger singen wie besessen im Wald. Von den Quellen steigt leichter Dampf auf, die Luft wird allmählich kühl, und das warm aufwallende Wasser erinnert mit seinem Schwefelgeruch an die große Feuerstadt in der Unterwelt, die hier und da auf der lieben Erde ihre Ventile hat. Fischadler kreisen über dem Wasser und auch Seeadler, die wahrscheinlich in irgendeinem Horstbaum in den riesigen Wäldern nisten, die sich im nordwestlichen Teil des Sees die Berghänge hinauf und hinab erstrecken. Bis hierher sind die großen Abholzungsmaschinen noch nicht vorgedrungen, und die Taiga ist nur sehr schwer zugänglich. Kommt man endlich schnaufend über die Baumgrenze hinaus, steigen die Hänge steil an und sind mit dem Schutt von Bergrutschen und grobem Geröll bedeckt. Bei jedem Schritt rutscht man zurück. Die Vögel, die wir suchen, Bergbraunelle und Rosengimpel, lassen sich nicht blicken.

Kein westlicher Vogelgucker ist hier vor uns gewesen, und was wir an Arten verpassen, gewinnen wir an persönlicher Kenntnis von der Lage des Landes, vertikal, Höhe auf Höhe, Wald in Etagen. Das Meer ist verschwunden, sobald man sich ein paar Meter in den Wald hineinbegibt. Urplötzlich kommt man hinaus auf eine kahle Kuppe mit freier Sicht, und da liegt es, horizontal, eine unwirklich weiße Scheibe, als hätte der Vollmond an der gezackten Küste angelegt.

Als ein paar Tage später das Boot kommt, um uns abzuholen, fahren wir zurück nach Nischni-Angarsk, dessen Sportzentrum für uns ein Zuhause geworden ist. Hier inventarisieren wir den Bestand an Watvögeln längs der Küste. Jetzt, zur Zeit des Vogelzugs, ist er recht beträchtlich, denn durch die große Verwerfungsspalte, in der auch der Baikal liegt, kommen viele Arten aus ihren Überwinterungsrevieren in China, Indien und Bangladesh. In einem Dickicht auf einer sandigen Insel draußen im See stoßen wir auf einen beliebten sibirischen Vogel, einen Petschorapieper. Er ist auf dem Weg zu seinem arktischen Brutgebiet nordwestlich von uns auf der Leeseite der Insel zwischengelandet.

Es geht uns gut im Sportzentrum, wo wir gut verpflegt werden, wenn wir einmal da sind. Wir verpassen nämlich oft die Mahlzeiten, wie es bei Vogelguckern gang und gäbe ist. Es gibt Tage, da fühlen wir uns doch etwas unterernährt. Einmal, als wir von einer langen Bergwanderung in den Wäldern über Nischni-Angarsk zurückkommen – satt von der reichen Varietät an Piepern, Fliegenschnäppern und Sperlingen, aber mit knurrenden Mägen, lange nach der Mittagszeit und lange vor dem Abendessen –, werde ich losgeschickt, um Brot oder anderes Eßbares aufzutreiben. Aufgeplustert wie ein Hahn über meine Russischkenntnisse stolziere ich durch die Stadt, die ich mittlerweile ganz gut kenne, und gehe immer der Nase nach. Am Meer steht *Gostiniza Severnaja*, das »Hôtel du Nord«, wo es nach meiner eigenen Erfahrung rein gar nichts zu essen gibt. Weiter geht's, am Ehrenmal für die Gefallenen vorbei, in die Stadt.

Im Delikatessenladen gibt es kein Brot. Damit muß man sich im Jahr 1990 abfinden. Ein Jahr vorher gab es noch Brot, manchmal sogar Butter. Schnuppernd ziehe ich weiter. Oh ja, bald rieche ich den herrlichen Duft einer *Bulotschnaja*. Eine vortreffliche Bäckerei sogar, ohne einen einzigen Kunden, doch mit zwei Angestellten. Auch dort liegt kein Brot in den Regalen, aber das bekümmert mich nicht. Ich habe schon früher in Entwicklungsländern gelebt und weiß, daß sich Brot manchmal aus einem Versteck unter der Ladentheke hervorlocken läßt.

Ich sage die Tageszeit, erkläre, wer wir sind und daß wir uns in Nischni-Angarsk richtiggehend verliebt hätten. Ich preise die Schönheit der Landschaft am Baikal und erzähle, wir würden so viel sehen, daß wir kaum zum Essen kämen. Auch jetzt hätten wir wieder das Mittagessen versäumt und bräuchten dringend etwas Brot.

»Russisches Brot ist so lecker. Hm, wie das duftet«, beende ich meine Ansprache.

Es wird eine ausgesprochen nette Unterhaltung. Das Problem ist nur, daß es kein Brot gibt. Wirklich nicht. Es ist alles aus, und mehr wird vor morgen nicht gebacken.

Es mangelt an Mehl, das weiß ich. Auf der ganzen Reise wurden die Brotscheiben abgezählt. Bis zur nächsten Ernte ist es noch lang hin, und dann wird man weitersehen.

Aber was riecht denn da so gut?

Ja, und jetzt wird breit gelächelt, es wird Kuchen gebacken. Morgen soll er verkauft werden, und wenn ich heute schon einen haben möchte, ist das kein Problem.

Für kein Geld der Welt läßt sich hier ein Brot auftreiben, aber für einen Apfel und ein Ei kaufe ich einen ganzen Kuchen und kehre damit im Triumphzug ins Sportzentrum zurück.

Das Rußland, in dem ich mich befinde, hat sich von einer Supermacht in ein Entwicklungsland verwandelt. Die Wirtschaft ist kollabiert. Der Rubel hat seine Stärke verloren. Wir haben einen echten Schluderer in der Gruppe, der seine Rubel zusammen mit allem möglichen einfach in die Gesäßtasche stopft. Wenn er das Geld herauszieht, um etwas zu bezahlen, flattern unter Bonbonpapier, abgerissenen Eintrittskarten und zerfasernden Papiertaschentüchern auch Rubelscheine zu Boden. Bald setzen wir die

Wandersage von dem Amerikaner in Umlauf, der in Sibirien mit einem Bonbonpapier bezahlte und fünf Rubel zurückerhielt.

Der große Zusammenbruch liegt noch ein gutes Jahr in der Zukunft, aber wir spüren schon deutlich, daß der Engel einer neuen Revolution durch den Raum schweift. Laßt uns Kuchen essen, während wir warten!

DER ZUG NÄHERT SICH

Der Zug verkehrte nach Moskauer Zeit. Im Fernen Osten war es bereits Morgen, als es in Moskau noch Abend war. Dem Fahrplan nach sollten wir abends in Chabarowsk ankommen, doch in Wahrheit war es fünf Uhr in der Frühe, als wir steifbeinig aus dem Zug kletterten, halb sechs, als wir im Hotel unsere Voucher vorlegten.

Nach sieben Tagen in einem Zug freut man sich am allermeisten auf ein Bad. In den letzten Tagen hatten wir genüßlich von dem Badezimmer phantasiert, das uns in Chabarowsk erwartete. Wir, das waren drei Ausländer, die dem Zug entstiegen: Ein Engländer, ein Kanadier und ich. Erwartungsvoll legten wir der Dame an der Rezeption des Hotels *Zentralnaja* unsere Hotelcoupons auf die Theke.

Widerwillig warf sie einen Blick darauf, dann auf uns. Wir hatten sie in aller Herrgottsfrühe aus dem Bett geholt, es mußte eine Verschwörung in Moskau geben, die dafür sorgte, daß der Zug jedesmal mitten in der Nacht ankam. »Das wird auch nie mal anders«, sah man ihr auf die Stirn geschrieben. »Immer dasselbe Lied. Jeden Tag kommt einer mit seinen Voucher angedackelt.«

Sie betrachtete sie mit Abscheu und verkündete dann, daß wir keine Zimmer bräuchten. Es war bereits Morgen, und am Abend sollten wir nach Nachodka weiterreisen.

Erregt führten wir das Bad ins Feld, auf das wir uns so gefreut hatten. Und wir wiesen sie darauf hin, daß jeder von uns bereits für ein Einzelzimmer bezahlt hatte.

»Sie brauchen keine Zimmer«, wiederholte sie. »Das Hotel ist belegt. Hier ist nichts frei.«

Es war der klassische russische Fall, wo der Mächtige dem Schwachen mit einem triumphierenden Knall die Klappe vor der

Nase zuschlägt. Ihr Problem bestand darin, daß die Rezeption des *Zentralnaja* nicht über eine Klappe verfügte. Ein bedauernswertes Versehen, das bereits viel Verdruß bereitet hatte.

Wir waren drei gegen eine. Der Kanadier hatte sich am längsten in der Sowjetunion aufgehalten und gelernt, wie man mit Intourist umgeht. Zuerst nimmt man die sogenannte Intourist-Stellung ein. Locker und unbefangen, leicht in den Hüften wiegend, baut man sich vor dem Repräsentanten von Intourist auf, der gerade behauptet hat, etwas wäre unmöglich. Freundlich antwortet man, das verstehe man gut, und dann formuliert man sein Anliegen noch einmal mit etwas anderen Worten.

Der Engländer und ich setzten uns und ruhten uns aus, während der Kanadier verhandelte, dann lösten wir ihn ab. Die Dame an der Rezeption hatte keine Chance. Griesgrämig räumte sie schließlich ein, daß es noch ein Zimmer für drei Personen gab. Von irgendwem, der den Zug nach Wladiwostok genommen hatte. Das Zimmer war nicht gereinigt, aber wenn wir es unbedingt nehmen wollten ...

»Wir nehmen es!« riefen wir. Wir überhäuften sie mit Dankesbezeugungen und sagten, sie sei wundervoll.

Gegen ihren Willen und die Prinzipien der Nation lächelnd, begann sie uns einzutragen. Doch dann stockte der Stift, es war offensichtlich ein gravierendes Hindernis aufgetaucht. Unsicher hob sie den Blick zu uns auf.

»Sind Sie verheiratet?« fragte sie.

»Aber ja«, riefen wir alle drei, als hätten wir nur darauf gewartet.

In bestimmten Situationen hängt alles einzig und allein davon ab, mit genügender Entschiedenheit aufzutreten. Die Dame sah erleichtert aus. Sie war dem Buchstaben des Gesetzes gefolgt, und wir hatten die richtige Antwort gegeben. Nun zögerte sie nicht länger, die notwendige Schreibarbeit zu Ende zu führen, und gab uns den Schlüssel. Wir trugen unser Gepäck hinauf, und jubilierend, leidenschaftlich, aber sittsam nahmen wir einer nach dem anderen unser Bad.

Damals hatte es unbegrenzte Mengen an heißem Wasser im Hotel in Chabarowsk gegeben. Es war ein wunderbarer Altweibersommer. Über der Stadt lag noch ein blasser Dunst von Kosmopolitismus, ein Andenken an die Ära, da der Außenposten des russischen Imperiums noch von Chinesen und Mandschuren wimmelte. Breit und behäbig floß der Amur vorüber. Bäume des Südens beschatteten die Uferpromenaden, und glänzende Ausflugsschiffe glitten den Strom hinauf und hinab.

Hier war ich einmal vollkommen glücklich gewesen. Als ich einundzwanzig Jahre später wiederkam, herrschte eine ärmere Jahreszeit, Juni, ein härteres Licht als der harmonische Septembertag, den ich hier verbracht hatte. Damals hatte es Lebensmittel gegeben, sogar Mengen von Lebensmitteln, in den Läden, in der Markthalle und am Bahnhof. Im Juni '89 gab es nur wenig, im Mai 1990 so gut wie nichts. Vieles von dem Überfluß des Jahres '68, an den ich mich erinnere, war vermutlich saisonbedingt, aber so knapp, wie alles im Mai '90 war, kann es im Mai '68 bestimmt nicht gewesen sein.

Doch es war schon eine Großtat, dachte ich, daß die Stadt noch da war und in so vielem der Stadt ähnelte, an die ich mich erinnerte. In Rücksicht darauf, wie unzuverlässig das Gedächtnis ist und wie sehr es sich nach unseren Stimmungen färbt, hatte ich erwartet, das Chabarowsk, das ich wiedersehen sollte, wäre im Vergleich mit der Stadt meiner Erinnerung kalt und alt und grau. Aber so war es nicht. Das alte *Zentralnaja* diente nicht mehr als Intourist-Hotel. Es gab jetzt statt dessen näher am Fluß eine riesige und schlecht funktionierende Anlage, aber auch darin schwebte ein undefinierbarer Geruch, der bestätigte, daß es sich hier um Chabarowsk handelte, und ich hatte das bestimmte Gefühl eines Zurückkommens, das weder sentimental noch tränenüberströmt war.

Hier hatte die Sonne der Gnade über mir geschienen. Hier hatte ich meinen Moment absoluter Gegenwärtigkeit gehabt, auf den alle Menschen ein Recht haben. Hier stand ich einundzwanzig Jahre später und war froh darüber, daß mir das zuteil geworden war.

In sibirischen Volksmärchen kommt es manchmal vor, daß sich getrennte Liebende in Vögel verwandeln. Besonders häufig werden sie zu Singschwänen, die so menschenähnlich plump wirken, wenn sie sich in die Luft heben wollen, sich dann aber in unsere schönsten Wunschbilder verwandeln, sobald die Luft sie trägt.

Aus mir wurde kein Vogel, wohl aber ein Vogelbeobachter. Als solcher bin ich zurück in Chabarowsk unter Amurfalken, exotischen Staren, Schwarznackenpirolen und Ostrollern aus der Unterfamilie der Blauracken.

Eines Tages nehmen wir auf der Haupttrasse den Zug hinaus zu einem Feuchtgebiet östlich von Chabarowsk. Es wird kein sonderlich geglückter Ausflug, und es nieselt, als wir uns am Nachmittag zurück zur Bahnstation begeben. Und da, ein Weilchen, ehe unser Nahverkehrszug einlaufen soll, kommt der *Rossija* von Wladiwostok.

Heute wie damals scheint der Transsibirien-Expreß noch einmal Fahrt aufzunehmen, wenn er sich einem Bahnhof nähert. Wild brüllend, mit einer gewaltigen Lokomotive an der Spitze, rauscht der lange Zug auf singenden Breitspurgleisen an der Station vorüber. Klein und zerbrechlich kauert sie unter dem Luftdruck. Die Reisenden auf den verwitternden Bahnsteigen werden von der Druckwelle eine halbe Umdrehung herumgeschleudert. Ein Moment absoluter Isolation, während die Fenster vorbeiflirren.

Hoffnung und Glamour – und Menschen, die verloren an ihren Bahnstationen irgendwo in Sibirien zurückbleiben. Es wäre interessant zu wissen, wie stark der Puls beschleunigt, wenn ein Zug vorbeidonnert, wie sehr wir rein physisch von der rasenden Fahrt mitgerissen werden.

Dort braust meine Jugend vorbei, dort sausen die Hoffnungen aller Menschen dahin, und ich stehe wie alle anderen aufrecht und betäubt daneben und halte mich an mich selbst. Dann läßt die Zugkraft nach, wir fallen gleichsam wieder auf den Punkt zurück, an dem wir standen, und der Zug stürmt weiter nach Chabarowsk. Eine letzte Demonstration der Stärke hier draußen in den Sümpfen, ehe er gezwungenermaßen langsamer wird und würdevoll in den Bahnhof einfährt. Ein letzter Ruck, ich weiß, wie er sich anfühlt, und alles steht. Die Türen öffnen sich. Hier ist es.

Morgen am Amur

Dank meines Interesses an Vögeln wurde ich zu Schönheits-
erlebnissen gezwungen, die ich sonst verpaßt hätte. Während es
mir schlecht geht und mir die ersten schrägen Sonnenstrahlen
direkt ins Gesicht scheinen, muß ich zugeben, daß nichts schöner ist als der Frühdunst über Vogelrevieren im Sonnenaufgang.
Die absolute Stille, die ersten Rufe, die Wasservögel, die langsam vom schützenden Ufer ablegen, die Watvögel in einer Linie
aufgereiht, ein Tuschestrich in dem weißen Aquarelldunst. Die
Sonne und die erwachende Brise, die mit einem kühlen Luftzug
den Nebel auflöst. Die Welt nimmt einen goldenen Ton an und
riecht so gut, wie sie geduftet haben muß, ehe sich der mittelal-
terliche Mensch aus seinem stinkenden Durcheinander befreite
und in die Natur hinauszog.

Flüsse sind wie geschaffen für die Morgendämmerung. In
Sibirien habe ich einen Favoriten unter ihnen, den Amur, der
sich in ein riesiges, unüberschaubares Delta aus Seitenarmen,
Inseln, Lagunen, Sümpfen, Rinnen, Kanälen, Schilfgürteln und
feuchten Wiesen verströmt. Er hat noch ein gutes Stück Wegs
bis zum Ochotskischen Meer, aber zwischen Chabarowsk und
Amursk wurde falscher Alarm ausgelöst: Wir nähern uns der
Küste und bilden ein Delta!

Amur soll auf Niwchisch einfach »Wassermassen« bedeuten.
Der Amur ist der größte Strom, der in den Stillen Ozean mündet,
und bildet den Grenzfluß zur alten Mandschurei, China und der
Mongolei. Obwohl russische Kosaken schon im 17. Jahrhundert
ins Land kamen und am Nordufer des Flusses Befestigungen
anlegten, dauerte es bis 1858, ehe Rußland die Gebiete nördlich des Amur formell annektieren konnte. Noch immer sind Abschnitte des Grenzverlaufs umstritten, und Sibirien kennt seine

eigene Variante der Gelben Gefahr: Eines schönen Tages werden die Chinesen auf der Suche nach Lebensraum und Bodenschätzen über die Grenze strömen.

Hier, nicht mehr allzu weit entfernt von den Küsten Südostasiens, herrscht ein ausgesprochenes Monsunklima. Die ausgiebigen Monsunregen, die über dem flachen Land niedergehen, schaffen die weite Überschwemmungslandschaft. Viele Jahrhunderte hindurch war sie von Niwchen (Giljaken), Nanaiern (Golden) und Oroken nur dünn bevölkert. Ihre Fischerdörfer lagen entlang der Ufer von Lagunen und Kanälen, in denen Fischfang getrieben wurde. Am wichtigsten ist der Pazifische Lachs, der in riesigen Schwärmen den Amur hinaufwandert, um zu laichen; doch die Vielfalt ist groß: In diesem mächtigsten Strom Südsibiriens leben mehr als hundert Fischarten.

Der Hauptarm ist gut versammelt, tief und schiffbar, und zwischen Chabarowsk und Nikolajewska-na-Amure am Ochotskischen Meer herrscht reger Schiffsverkehr. Der Amur liegt hier breit da wie eine echt russische Landstraße, und in der Fahrrinne steuern Touristenschiffe, endlos lange Flößverbände, Schlepper, Prähme, Kriegsschiffe, hypermoderne Tanker und Gasfrachter. Wir selbst haben ein kleines Flußboot gechartert, mit dem wir uns ins Delta begeben wollen. Es hat einen ohrenbetäubenden Dieselmotor im Maschinenraum und eine Besatzung, die sich im Delta ziemlich gut auszukennen scheint. Nach nur wenigen Fehlversuchen finden wir den richtigen Kanal und setzen das Boot auf Sand. Mit Hilfe eines Stegs balancieren wir ans Ufer und klimmen die Böschung hinauf. Im ersten Jahr wohnen wir in einer Jugendherberge an einem Seitenarm, im zweiten erhalten wir eine Jagdhütte im Delta.

Das Gras reicht bis zur Taille, und Wasseransammlungen bleiben dem bloßen Auge verborgen. Platsch, und man hat eine gefunden. Während des gesamten Aufenthalts ist man naß bis über die Augenbrauen, aber das macht nichts, weil es hier draußen in den Sümpfen vor Hitze dampft. Das Klima ist eher mandschurisch als sibirisch, und die Vogelfauna gehört zum Fernen Osten. Die Mandschurenrohrdommel kommt hier ebenso häufig vor wie die Japanische Wachtel, der Mangrovenreiher und der seltene Schwarzschnabelstorch. Noch immer wird er häufig als Unterart des gewöhnlichen Storchs klassifiziert, aber er hat so lange von anderen Populationen isoliert gelebt, daß ihn moderne Ornithologen als eigene Art mit dem Namen *Ciconia boyciana* ansehen. Der Lärm im hohen Gras kommt vom orientalischen Drosselrohrsänger und dem Brauenrohrsänger, und auch andere, diskretere Singvögel sind eher ostasiatischer als typisch sibirischer Herkunft. Selbst die Greifvogelfauna ist andersartig, vor allem dank der dramatisch kontrastreichen Elsterweihe, einer nahen Verwandten unserer Rohrweihe. Über all dem exotischen Gezwitscher pulsiert das kurzatmige Herz des orientalischen Hopfkuckucks, einer der phantasieanregendsten Vogelrufe, die ich kenne.

Wir machen eine Bootstour durch Nebenarme und Kanäle und gehen auf größeren Inseln an Land, die sich in dem Wirrwarr aus Wasserwegen und schwankenden Sumpfböden gebildet haben. Wenn man innerhalb des Binsengürtels der Inseln angelangt ist, fühlt sich der Boden unter den Füßen ganz stumpf und stumm an, weil man daran gewöhnt ist, daß er sonst federt und schmatzt. Aber auch hier wird man zu Umwegen gezwungen um Dickichte und Sumpflöcher, die sich plötzlich auftun. Unsere Umgehungsbewegungen vermitteln uns auch ganz andere Eindrücke, etwa von einer klar abgegrenzten Bucht, die sich in einen Kanal zwischen baumbestandenen Sandbänken fortsetzt. Weiden neigen sich beschattend über das Wasser, und durch das schattige Dunkel gleitet ein Paar Mandarinenten, scheu und fast unsichtbar, plötzlich für einen kurzen Moment scharf beleuchtet wie auf einem japanischen Holzschnitt.

Um die Wahrheit zu sagen, es ist voll und ganz das Verdienst anderer, daß ich aus dem Amurdelta wieder herausgekommen bin. Nach einigen Drehungen und Wendungen in den Labyrinthen habe ich vollständig die Orientierung verloren. Es ist ein echter Luxus, mit Leuten unterwegs zu sein, die den Überblick behalten, wo man sich befindet. So kann ich mich ganz in das vertiefen, was uns vor Augen kommt, anstatt mich darum kümmern zu müssen, wie ich hier wieder herauskomme.

Ich glaube, solche Dinge tragen dazu bei, daß ich das Amurdelta so liebe. Es ist wie in den glücklichen Momenten, in denen wir etwas Unausweichliches beiseite geschoben haben und nicht daran denken müssen. Hier hat der Amur seine Wanderung zum Ochotskischen Meer aufgeschoben. All die stillstehenden und gestauten Wasserflächen sind wie eine Denkpause in der eigentlichen Arbeit des Stroms, die darin besteht, das Wasser fließen zu lassen und seiner Mündung zuzuführen. Einmal die Richtung verlieren und nichts darum geben – wie verlockend kommt uns das vor. Ein großer, über die Ufer tretender Fluß zu sein, der auch noch den sinnlichen Namen Amur trägt, sich in so viel Gras zu verströmen!

Hier kommt es soweit, daß ich zugebe, Morgendämmerungen seien etwas Einzigartiges, wie mies ich mich auch fühle. Es ist noch kalt und fast dunkel, als wir in einem Seitenarm an Land gesetzt werden und eine Wanderung am Ufer entlang aufnehmen. Dichter Nebel liegt über dem Wasser, der Himmel darüber aber ist klar. Im Dunkel schwimmen ein paar Enten vom Ufer weg, als wir näher kommen. Die Sonne geht auf, der Nebel dampft, die Welt beginnt blond und leuchtend zu werden. Unser Ufer liegt noch im Schatten, doch die Sonne erreicht eine Gruppe von Uferschnepfen, die sich gegen das rauchende Frühlicht abzeichnen. Eine nach der anderen ziehen sie den Kopf unter dem Gefieder hervor und richten sich auf, spannen versuchsweise die Flügel auf und balancieren ein wenig. Dann rücken sie im Wasser in einer Linie vor, und plötzlich fliegen sie im Schwarm auf. Als hätte man eine Handvoll Schriftzeichen über einen Bogen Reispapier geworfen, einen wohl komponierten Schriftzug, der seine Bedeutung mit sich nimmt.

GNADE IN CHABAROWSK

Auf unseren Reisen im Amurdelta charterten wir ein kleines Flußboot, das nach langem Warten endlich eintraf und uns in Chabarowsk an Bord nahm.

Auch als wir endlich ablegten, ging es nicht schneller. Die Gegenströmung war kräftig. Einmal verhedderte sich ein Tau in der Schraube, wir mußten die Maschine abstellen und es vorsichtig abwickeln. Ein andermal liefen wir auf einer sandigen Untiefe fest. Mal war dies, mal jenes.

Der Skipper und seine beiden Besatzungsmitglieder arbeiteten und schufteten. Alle waren sie Russen, eher untersetzt, aber bärenstark und auf eine Weise muskulös, wie es im Westen niemand mehr ist. Alles machten sie mit Muskelkraft, sprangen ins Wasser, um die Schraube frei zu bekommen, schoben uns von der Sandbank, legten den schweren Laufsteg mit einem Arm aus. Stets arbeiteten sie mit Sachverstand und einem bewundernswerten Gleichmut.

Das Ganze zog sich in die Länge, und es wurde kühl. Freundlich bot uns der Kapitän an, uns abwechselnd in der Kajüte aufzuwärmen.

Das Schott unter Deck war mit den Fotos unbekleideter Damen in unnatürlichen Verrenkungen tapeziert. Ein hübscher, schlanker Aufkleber der *Viking Line* klebte in einem kecken Winkel. Ganz oben auf dem Spiegel pappte noch ein Aufkleber. Darauf stand: Jesus liebt dich.

Auf meinen Reisen in Sibirien interessierte ich mich sehr für die verschiedenen religiösen Äußerungen, die an die Oberfläche kamen. 1989/90 setzte ein Ansturm auf die christlichen Kirchen ein. In Burjätien begann man, abgerissene Lamaklöster wieder aufzubauen. Draußen im wildesten Busch stieß man auf Opferbäume und Gebetsfahnen. Ich grübelte viel darüber nach, welche Elemente die Jahrzehnte der Religionsunterdrückung überlebt hatten.

Welche christlichen Vorstellungen, zum Beispiel, haben selbst bei den Säkularisiertesten überlebt, die nie in Kontakt mit dem trotz allem florierenden Christentum im Untergrund standen?

Als ich mich da unten in der Kajüte im Spiegel erblickte, sah ich nicht bloß die prangenden Sexobjekte. Es gab auch die Versprechungen der Viking-Linie und die Versicherung, daß uns Jesus liebte.

In ganz Rußland geht ein schwunghafter Schwarzhandel vor sich, ein geradezu frenetisches Schachern. Schon lange vor dem Zusammenbruch des Kommunismus hat sich eine gigantische Grauzone jenseits der offiziellen Kanäle ausgebreitet. Dort herrscht eine ungeschminkte, ungeregelte Marktwirtschaft. Hat man ein Schiff auf einem vielbefahrenen Fluß, ist klar, daß man alle möglichen Geschäfte machen kann.

Im alten Sowjetsystem war so gut wie nichts erlaubt. Was immer man auch tat, man mußte damit rechnen, daß sich einem eine kalte Hand auf die Schulter legte: Ja, was haben wir denn da? Als Schmuggler und Hehler lebt man in ständiger Angst. Du mußt so unsichtbar sein wie die Assel unter dem Stein, schnell und treffsicher wie eine Schlangenzunge, unergründlich, kameradschaftlich, liquide, stark, munter und unterwürfig, unschuldig wie ein neugeborener Waran, schlau, clever und ohne auffällige Besonderheiten, das Ich ein Chamäleon, der Charakter ein Spiegel in tausend Facetten. Entspannen kannst du dich nicht, ehe der Vollrausch einsetzt.

Eines Morgens rappelst du dich in der Kajüte deines Bootes auf, das in Chabarowsk vertäut liegt. Schlecht gelaunt und verkatert betrachtest du dich im Spiegel. Die unsterbliche Seele gibt nur ein schwaches Seufzen von sich. Du schaffst es kaum, die

Augen scharf zu stellen, aber ganz oben tritt dir deutlich die Botschaft entgegen: Jesus liebt dich.

Na klar, er liebt dich, du Miststück!

Wahrscheinlich überlebt das, was wir am meisten brauchen. In einem politischen System, in dem man auf allen Seiten von Verbotstafeln umstellt ist: *Njelza!* (Du darfst nicht), in dem es eine rigide öffentliche Strenge und eine gewaltsame Doppelmoral gibt, braucht man vielleicht keinen strafenden Gott, der rechten Sinn und gute Taten verlangt. Das ist nicht die Hauptsache. Der eigentliche Kern hat überlebt, weil er etwas ganz anderes besagt. Der Kern, der übrig blieb, handelt von Gnade.

ZECKENINVASION

»Alle anderen wollen in den Westen. Ich aber will lediglich fünf Kilometer nach Süden. Und das ist immer noch unmöglich.«

Der das sagt, ist ein junger Biologe mit einem Forschungsareal in einem großen Waldreservat südlich von Chabarowsk. Im Süden grenzt es an eine gleichartige Waldregion in China. Dort möchte unser Biologe gern einmal hin, um zu sehen, wie seine chinesischen Kollegen ihr Revier pflegen, und um Forschungsergebnisse und Strategien zu vergleichen.

Bis auf weiteres ist das also unmöglich. In einer Zeit, in der russische Wissenschaftler längst an Seminaren und Forschungsprojekten im Westen teilnehmen, bleibt ihnen China immer noch verschlossen. Diese politische Absurdität erlebt man hier besonders eindringlich, wo so gut wie alle Vögel, die wir sehen, in China gewesen sind.

Beiderseits des Grenzflusses ist die Vegetation identisch, ein kräftig rauschender Monsunwald, in dem Laubbäume bei weitem vorherrschen. Von einem Hügel aus erblickt man Welle auf Welle wogender Wälder in verschiedenen Grüntönen von blaßgelb bis blauschwarz. Die Bäume ragen hoch und lassen nur wenig Unterholz zu. Wie in vielen Wäldern des Südens spielt sich das Leben vor allem in der Wipfelregion ab. Wir haben den Taigagürtel mit seiner nördlichen Vogelfauna verlassen, die der unseren so ähnlich ist. Die hiesigen Vögel gehören dem Fernen Osten an, und manche Arten haben nicht einmal schwedische Namen.

Hier sehen wir flüchtig etwas vom Graumennigvogel, einen Brillenvogel mit grell kastanienroten Seiten, Maskenkernbeißer sowie eine Vielzahl östlicher Ammern: Gelbbrauenammer, Gelbkehlammer, Maskenammer, Bandammer, alles, was man sich nur wünschen kann, und darüber hinaus ein ganzes Gewölbe östlicher Singvögel. Die Fliegenschnäpper und Drosseln sind exotisch schlank. Ostroller schwingen sich über den Weg, und ein Sperberkuckuck ruft verärgert von seinem Aussichtspunkt herab. Über all dem pulsiert der Ruf des orientalischen Hopfkuckucks, der sich wie der verstärkte Herzschlag eines ungeborenen Kindes anhört.

Es ist Reichtum, Fülle, Überfluß – und nicht eine Menschenseele im ganzen Reservat. Es handelt sich um ein sogenanntes *Sapowednik*, was bedeutet, daß es für die Allgemeinheit gesperrt ist. Der Naturschutz kann so strenger beachtet werden, und die Forschungsbedingungen sind einzigartig. Der Nachteil ist, daß man mit solchen Maßnahmen bei der Bevölkerung keine Akzeptanz schafft. Es ist schwer, etwas zu schützen und zu lieben, von dem man ausgeschlossen ist.

1989 wandeln wir mit einer Sondergenehmigung unter himmlischen Bedingungen durch den Wald. Die Sonne scheint, und es ist angenehm kühl unter den Bäumen, die Sicht ist ausgezeichnet und das Gebiet geradezu unfaßlich unberührt. Fröhlich dringen wir in das Unterholz ein, um Gewächse zu vergleichen und möglichst zwei Singvögel zu finden, die wie Mäuse im dichtesten Gebüsch leben: *Luscinia sibilans*, die Schwirrnachtigall, und *Urosphena squamiceps*, den Stummelsänger.

Als wir 1990 wiederkommen, stehen Warnschilder an der Zufahrtsstraße, und wir haben strenge Auflagen, uns auf dem Weg zu halten, der durch das Reservat führt. Der Wald ist von einer ausgesucht widerwärtigen Zeckenart befallen, die Borreliose und Hirnhautentzündung überträgt. Unter normalen Umständen hätte man uns den Besuch nicht erlaubt, aber die Behörden haben ihre Autorität verloren, und als wir erklären, es auf eigene Verantwortung zu tun, geben sie nach.

Sobald wir in den Wald kommen, sehen wir, daß die Warnungen durchaus berechtigt waren. Es ist, als ob eine Umweltkatastrophe die Zecken auf Kosten aller anderen Lebewesen verschont hätte. Groß und unempfindlich gegen alles, was Zecken sonst dazu bringt, loszulassen, liegen sie auf der Lauer. Wir haben einen Tierarzt mit Ostasien-Erfahrung bei uns, der uns erklärt, das Gift würde erst nach etwa sechs Stunden eingespeichelt. Also machen wir alle fünf Stunden halt und »entlausen« uns gegenseitig.

Hier kann man sämtliche Zeckenrekorde brechen. Ich gewinne mit zwölf Stück in vier Stunden, und noch viel mehr können wir abstreifen, während sie noch auf der Kleidung kriechen. Wir wundern uns, wie die Säugetiere im Reservat überleben können, und fragen uns, wie angegriffen die Vögel wohl sein mögen. Es ist ein eigentümlich zwiespältiges Gefühl, hier herumzulaufen. Einerseits ist es, wie mitten in eine Zukunftsvision einzutreten, in der eine spezielle Insektenart nach einer Reihe von Mutationen die Herrschaft an sich gerissen hat. Andererseits gibt es einem die Empfindung, einen Wald zu betreten, wie er aussah, ehe Russen und Chinesen hierher vordrangen.

Zu jener Zeit wurde die Landschaft von vereinzelten Jäger- und Sammlervölkern wie den Nanaiern und Orotschen durchstreift. Später lebten sie Seite an Seite mit Mandschuren und Chinesen. Komplizierter wurde die Lage erst, als sich die Russen hier allmählich festsetzten. Jetzt ist auch dieser Wald nur noch eine Insel. Wir hören das Donnern und das Getöse der in der Nähe vorbeifahrenden Eisenbahn, und der Regen, der fällt, ist sauer von den Abgasen der großen Industrieanlagen in Chabarowsk. Die Reste der Ureinwohner sind längst in der Bevölkerung Sibiriens aufgegangen.

Es ist bezeichnend, daß wir so oft das Wörtchen »noch« benutzen, wenn wir von Naturräumen reden. So bedroht sind sie also. *Noch* kann man die Fährte des großen, unsichtbaren Sibirischen Tigers hier im Wald finden, den heiligen Amba der Nanajen. *Noch* ist der Artenbestand der Vögel intakt und scheint, soweit unser Biologe das beurteilen kann, nicht bedroht. *Noch* scheinen die Vögel in ihren Überwinterungsgebieten in China und Indien einigermaßen zurechtzukommen. Aber das ist, wie gesagt, etwas, das er gern an Ort und Stelle untersuchen würde.

Noch scheint der Naturschutz in Rußland einigermaßen zu funktionieren. Ist man erst einmal über die westlichen und zentralen Teile Sibiriens mit ihren zerstörten Landstrichen, ausgesaugt vom Raubbau und Abschreckungsbeispiele für Umweltzerstörung gigantischen Ausmaßes, hinausgekommen, findet man noch große, zusammenhängende Naturräume. Obwohl immer von den sibirischen Bodenschätzen geredet wird, ist in einer globalen Perspektive der immense Taigagürtel Sibiriens größter Reichtum. Er zieht sich in einer Breite von 2500 Kilometern über ganz Nordeuropa und Asien und ist (nach dem Amazonasgebiet) der zweitgrößte Sauerstoffproduzent der Erde. In Sibirien atmet die grüne Lunge noch gratis, *noch* gibt es hier vieles, das einem Hoffnung gibt.

Dagegen schrumpft der üppige Laubwaldgürtel auf chinesischer Seite bereits rasant zusammen. Und gerade im Hinblick darauf wird der Rest, der sich in Amur- und Ussuriland befindet, besonders kostbar. Doch der Druck nimmt zu. Koreanische Holzfäller sind schon ins Ussuriland eingerückt, und für den Fall, daß sich Japaner und Russen einmal über die Kurilen einigen sollten, stehen die Japaner Gewehr bei Fuß, um die »Entwicklung« voranzutreiben.

Vielleicht sind das Wetter und die Insekten unsere besten Verbündeten im Naturschutz.

Es regnet unaufhörlich auf dem acht Kilometer langen Spaziergang zum Forschungsstand unseres Biologen, einer Holzhütte auf einer Lichtung mit Blick über den Waldozean. Es schüttet so heftig, daß sogar die Zecken Schutz gesucht haben. Es regnet so ausdauernd, daß die Vögel zur Futtersuche hinaus in den anhaltenden Platzregen gezwungen werden, weil ihre Jungen sonst verhungern würden. Es regnet wie am Vorabend der Sintflut, und daher fühlen wir uns wie Kreaturen, die in Noahs Arche marschieren, als wir in dem gnadenlosen Pladdern auf einem schmalen Pfad die Hütte erreichen.

Wir kochen Tee und hören dem Biologen zu, der so gern einmal nach China möchte, nur um mit einigermaßen verwendbarem Vergleichsmaterial zurückzukommen. Der Regen rauscht und schüttet um uns her. Vielleicht sind es nur Schneeverwehungen, Regengüsse und Zecken, die den Fortschritt aufhalten.

Die Gebetsfahne im Wald

In den Großstädten wird man einem Führer von Intourist zugeteilt. Er oder sie hat ein festes Programm abzuspulen und ist es gewohnt, zumindest ein höfliches Interesse bezeigt zu bekommen. Vogelgucker sind hingegen keine gewöhnlichen Touristen. Sie waren bereits vor Sonnenaufgang auf den Beinen, sind durch Sümpfe und Moraste gewatet, mit Rucksäcken und Spektiven bepackt auf Höhen und Berge gestiegen. Sobald sie in einem Bus sitzen und durch eine Stadt kutschiert werden, fallen sie prompt in Schlaf.

Nadja, die in Jakutsk zu uns an Bord kommt, ist sehr unzufrieden mit uns. Wie die meisten Sowjetbürger in den letzten Tagen der zerbröckelnden Union hat sie ein starkes Bedürfnis, uns ihr Land in all seiner Armseligkeit zu zeigen. Sie erzählt Dinge, die ihrem Arbeitgeber noch vor einem halben Jahr die Haare zu Berge getrieben hätten, unsere Gruppe aber ratzt und schnorchelt vor sich hin. Alle, bis auf mich, mit chronischen Einschlafproblemen und rotgeränderten Augen, und bis auf den, der die Verantwortung trägt und deshalb hin und wieder pflichtschuldig aufwacht und murmelt: »Fascinating!«

Sie unternimmt einen letzten Versuch, ehe wir das Hotel erreichen. Wir fahren gerade die Hauptstraße entlang, kein Verkehr, keine Menschen, nur eine einzelne Kuh, die durch den Park bummelt. Dann kommen wir an einem großen *Gastronom*-Kaufhaus vorüber, und Nadja breitet theatralisch die Arme aus:

»Sie wundern sich bestimmt, warum dieses Geschäft mitten in der Woche geschlossen ist. Ich werde es Ihnen sagen. Das Geschäft ist geschlossen, weil es darin nichts zu kaufen gibt!«

Vorher hat sie uns routinemäßig alles heruntergebetet, was die meisten ohnehin über Jakutien wissen. Es ist die größte autonome Republik der Sowjetunion und nimmt den Löwenanteil Sibiriens von Nord nach Süd ein. Durch sein Gebiet fließen einige der größten Ströme der Sowjetunion, nicht zuletzt die Lena, die man im Winter als Autobahn benutzt und die im Sommer voller Flößverbände ist. Das Holz stammt aus der unermeßlichen sibirischen Taiga, dem größten zusammenhängenden Waldgebiet der Erde. Hier reicht diamantharter Permafrostboden bis in mehrere hundert Meter Tiefe, es gibt eingefrorene Mammuts und das härteste Klima der Sowjetunion, mehr Rentiere als irgendwo sonst und Pelze von allerbester Qualität. Vor allem gibt es hier die ergiebigsten Funde an Gold und anderen Edelmetallen, Kohle und Diamanten, Fundstellen, die endlos reich sind.

»Die bedeutendsten Reichtümer der Sowjetunion«, macht Nadja noch einmal deutlich, »und die Geschäfte sind geschlossen, weil es nichts zu kaufen gibt!«

Bis zur Revolution erwähnten nahezu alle Reisenden die Tüchtigkeit und den Unternehmungsgeist der Jakuten. »Wenn man einen Jakuten nimmt«, schrieb zum Beispiel George Kennan schon 1871, »zieht ihn nackt aus und setzt ihn mitten auf der kahlen Steppe aus und kommt ein Jahr später wieder, dann wird man ihn in einem großen und gemütlichen Haus, umgeben von Scheunen und Heuschobern, als Besitzer von Pferden und Vieh wiederfinden, der sein Leben wie ein großer Patriarch genießt.«

Auch spätere Autoren aus dem Westen, Teilnehmer am kontrollierten Tourismus der Sowjetunion, schreiben beschwingt über die gewaltigen Möglichkeiten Jakutiens, den Platz und die Freiheit, das bewundernswert fähige Volk, das sein Leben auf der dünnen Decke über dem Permafrost lebt, in der knackenden Taiga.

Die Häuser stehen auf Pfeilern, damit sie den Dauerfrostboden nicht antauen und einsinken, doch auch Pfosten erweichen und knicken ein, und die Städte Jakutiens sinken ins Knie wie müde Kamele. Fast alle Gebäude in Jakutsk wirken zur Hälfte zusammengefallen, funktionieren aber wundersamerweise doch noch. Die Scheiben sitzen noch in den Fenstern, obwohl alle Wände auf halb acht stehen, und trotz all der schiefen Winkel, die schon vor langer Zeit die Betonelemente hätten sprengen müssen, halten die Häuser die Wärme. Es bullert und rumort in den großen Heizkörpern über ganz Jakutien. Die Hauseingänge verfügen oft über eine sogenannte Kältefalle, einen kleinen Vorraum. Von dort tritt man durch eine weitere Tür, die in einem Winkel von 45 Grad zur ersten eingebaut ist, in das eigentliche Gebäude. Interessanterweise hat sich die örtliche Bevölkerung noch immer nicht an dieses System gewöhnt, denn innerhalb kurzer Zeit werden wir Zeugen mehrerer Kollisionen.

Die Jakuten haben tatsächlich etwas Unbeugsames an sich, dem kann ich mich gut anschließen. Wunderbar vierschrötig, wie aus massiven Blöcken geschnitzt, scheinen sie dafür gebaut zu sein, zwischen Permafrost und Schneesturm auszuharren. Auch in diesen extremen Zeiten wirken sie desillusioniert mit Zähigkeit und Methode: Ein Betrachter von außen kann leicht den Eindruck gewinnen, sie hätten sich dazu entschlossen, sich zu Tode zu saufen, und würden dabei kompromißlos zu Werke gehen.

Wir leben in einer gefährlichen Zeit des Umbruchs. Jedenfalls sieht es momentan so aus, als sei Jakutien bedeutend härter getroffen worden als Burjätien, wo man auf einer Woge nationaler Erweckung schwimmt. Zahlenmäßig sind Burjäten und Jakuten etwa gleich stark, zwischen einer Viertelmillion und dreihunderttausend Menschen. Auf bedeutenden Bodenschätzen sitzen beide, die Vorkommen in Jakutien sind eher noch reicher. Doch auch die Not wirkt hier größer, Mutlosigkeit beherrscht die Szene.

Sie behaupten, ihr Land sei von den Russen ausgeplündert worden. Sie sagen, es sei ihnen weggenommen worden, ehe sie überhaupt begriffen hätten, daß man Land besitzen kann. Bevor die Russen kamen, besaß niemand Land in Sibirien; deshalb konnten sie es sich so leicht aneignen. Jetzt ist es zerstört und verarmt. »Jetzt«, lallt ein aufgebrachter Jakute, der über dem Tisch zusammengesackt ist, »sollte Jakutien endlich die Unabhängigkeit erklären und seine Bodenschätze selbst übernehmen.«

300000 Jakuten gibt es also; daneben leben aber rund 600000 Russen und Angehörige anderer Nationalitäten in Jakutien. Als die Bolschewiken das Land 1926 übernahmen, machten die Russen nicht mehr als zehn Prozent der Gesamtbevölkerung in der Region aus. Doch alte Produktionsformen und soziale Muster wurden zerschlagen und die Religion abgewürgt. Bislang scheint sie als einigendes Sammelbecken noch nicht wieder zum Leben erweckt worden zu sein wie in Burjätien. In den Jahren 1990/91 sitzt man noch da, die Hände in den Schoß gelegt, und wartet darauf, daß jemand anders die Initiative ergreift: zusieht, daß Waren in die Geschäfte kommen, für die Unabhängigkeit arbeitet, den Jakuten das Land der Jakuten zurückgibt.

Irgendwann einmal, wahrscheinlich im dreizehnten Jahrhundert, als die Eroberungszüge Dschingis Khans ganze Völkerwanderungen in Bewegung setzten, drangen auch die Jakuten selbst in dieses Land ein, das damals von Ewenken, Jukagiren und anderen sogenannten Naturvölkern bewohnt wurde. Es waren die Burjäten, die sie von ihren Stammsitzen am Baikal-See nach Norden abgedrängt hatten. Inzwischen sind die Jakuten längst das Resultat einer Vermischung der ursprünglichen Jakuten mit der autochthonen Bevölkerung. Ein jakutischer Rentiernomade im Norden zum Beispiel steht den Ewenken und Ewenen bedeutend näher als seinen viehzüchtenden Stammverwandten im Süden.

Trotzdem sprechen beide Gruppen noch Jakutisch, das zu den Turksprachen gehört. Ihre Herkunft aus der Steppe erkennt man deutlich an den Pferden, die sie mitbrachten. Klein und zäh traben sie über die Koppeln Jakutiens und tragen den Nimbus mit sich herum, Stützen der Kultur zu sein. Auf den vereinzelten Gehöften draußen in der Taiga sieht man noch heute die hohen, mit Schnitzereien verzierten Pfosten zum Anbinden der Pferde – oft werden sie von einem kunstvoll geschnitzten Pferdekopf bekrönt –, die es traditionsgemäß auf jedem jakutischen Hof geben sollte. Es gibt Hofplätze, auf denen man sie nicht gleich sieht, aber sucht man etwas genauer nach, findet man meist drei strategisch plazierte Pfostenstümpfe im Boden. Weiter im Norden, wo die Jakuten eine Minderheit bilden, erkennt man ihre Häuser leicht an diesen Pfosten, die wie ein Erkennungszeichen am Zaun stehen, selbst dort, wo man keine Pferde hält.

Ich sehe zum ersten Mal welche bei den kleinen, grauen Höfen in der Taiga nördlich von Jakutsk, wo ich auch etwas über den Weidewechsel hier oben lerne. In den südlichen Teilen des jakutischen Siedlungsraums ist die Viehwirtschaft ein wichtiger Erwerbszweig. Hundert Kilometer vor Jakutsk liegt ein Gehöft mit einem ausgedehnten Komplex von Kuhställen. Ihre Wände bestehen aus Dung über einem Stützgerüst aus dünnen Holzlatten. Darum herum liegen eingezäunte Viehpferche und Pferdekoppeln, aber nicht eine Kreatur, keine Menschenseele. Das Gras steht grün und saftig, aber das Vieh wird offenbar weiter nördlich in der Taiga gehütet und kommt erst später im Jahr auf seine südlicheren Weiden.

Über dem Weideland spielen jetzt gewöhnliche Bekassinen wie auch die Spießbekassine; Strichelschwirl und Middendorffs Schwirl singen ohrenbetäubend im dichten Gras. Darüber ballt sich eine akustische Wolke aus dem intensiven Gesang verschiedener Laubsängerarten, die in den Bäumen hocken. Am See schwirrt eine weitere Wolke aus Weißflügelseeschwalben, und eine Rohrdommel tutet im Schilf. Zwei Zwergsäger schwimmen plötzlich auf die glatte, helle Wasserfläche hinaus und hinterlassen eine schwache Kielspur.

Im Preiselbeergehölz finden wir nistende Schwarzspechte, Unglückshäher und knallrote Naumannsdrosseln, und draußen in der lichten Taiga kommen wir zu einem typischen Auerwildrevier. Die Triebe junger Lärchen sind die Lieblingsnahrung des Felsenauerhuhns. Die Bäume werden von ihm sorgsam zurückgestutzt, was wiederum das Sprießen neuer Triebe stimuliert. Das ganze Umfeld sieht aus, als wäre es von kundiger Hand mit der Gartenschere gepflegt worden. Der Gärtner aber gehört zu den zurückgezogensten Exemplaren der gesamten sibirischen Fauna und hält uns auch weiterhin zum Narren. Noch einmal durchkämmen wir in einer halbherzigen Treiberkette den Wald. Wir haben schon Juni, und die Hennen mit ihren Jungen, die jetzt noch im Dickicht ducken, lassen sich nicht sehen, ehe man buchstäblich auf sie tritt.

Man kann sich leicht einbilden, in einem völlig unberührten Urwald zu sein, doch so ist es nicht. Während der Treibjagd flattert mitten im tiefsten Wald auf einmal eine hübsche und kompliziert geflochtene Gebetsfahne von einem Ast. Sie besteht aus mehreren miteinander verknüpften schmalen Stoffstreifen und ist für einen ganz bestimmten Zweck hier aufgehängt worden. Bei Jakuten, Burjäten und mit ihnen verwandten Völkern werden Gebetsfahnen oft an bestimmte Opferbäume gebunden, bei denen man auch Geld und andere Gaben niederlegt, aber das hier ist der Ausdruck eines höchst privaten Wunsches, ganz für sich und außerhalb aller offiziellen Kanäle.

Als wir aus dem Wald herauskommen, stehen wir vor einem weiteren Hof, in dem Menschen leben. Der Mann ist offensichtlich Jäger, über der Tür prangt eine große Elchschaufel, und wei-

tere Trophäen liegen im Gras verstreut. Ein großer Samojeden-
hund, eine hübsche, grazile kleine Frau und zwei Kinder sind
zuhause. Vielleicht hat die Frau die Gebetsfahne in den Wald ge-
hängt. Im erschöpften, verarmten Jakutien gibt es mehr als genug, was man sich wünschen könnte.

Bei der Machtübernahme der Bolschewiki war der Schamanismus bei den Jakuten ebensotief verwurzelt wie bei fast allen
anderen sibirischen Völkern. Reisende und Forscher bestätigen,
daß er eine stärkere Stellung innehatte als das Clanwesen, das
die Jakuten aus der Steppe mitgebracht hatten. Von der Urbevölkerung, mit der sie in Kontakt gekommen waren, hatten sie
den Bärenkult übernommen, und von alters her hielten sie den
Schmied, den Meister der Elemente, in hohen Ehren.

In den fünfziger Jahren durften Stalins Wissenschaftler dann
rapportieren, daß der Schamanismus ausgerottet und das kulturelle Niveau des Volkes erhöht worden war. Die Viehzüchter im
Süden und die Rentierzüchter im Norden waren kollektiviert
worden. Die Fortschritte wurden als schnell und durchgreifend
angesehen.

Ich kann mir vorstellen, daß der Schamanismus hier ebenso
wieder zu Ehren kommt wie bei den Ureinwohnern Kanadas
und der USA. Es gibt eine Art, sich auszudrücken, die in einer
Kultur ererbt wird und dort bestimmte Bedürfnisse erfüllt. Es
gibt bestimmte Arten, die Wirklichkeit zu deuten, die auf ihre
Form pochen. Die Form ändert sich natürlich im Takt mit veränderten Umständen, und es versteht sich von selbst, daß ein
wiedererstehender Schamanismus sich vom verschwundenen
ebenso unterscheiden wird wie sich der moderne Schamanismus in Kanada und den USA von seinen Vorgängern unterscheidet. Das ist nur natürlich, insofern als der Geist einer Zeit unsere
Bestrebungen deutlich prägt, auch die, die zu einer älteren Tradition zurückführen. Umgekehrt verläuft unter der Modernität

der Unterstrom einer älteren Tradition, die uns mit unserem Ursprung verbindet.

In Burjätien war diese Unterströmung deutlich. In Jakutien konnte ich sie nicht dingfest machen. Sie zeigte sich schemenhaft in den schmalen Stoffstreifen im Wald und in einem Opferbaum in Batagai; in der Stadt Jakutsk aber schien sie eingedämmt zu sein: Es gab Stunden, in denen ich eine größere Zusammengehörigkeit mit der Kuh empfand, die die Nacht innerhalb der Umzäunung bei einem eingesunkenen Haus gegenüber dem Stadthotel verbrachte, als mit der betrunkenen Horde im Hotel, wo durchreisende Schriftsteller gewöhnlich die Tiefen des Volkes auszuloten pflegen.

In Rußland spricht jeder von den Kräften des Markts, und oft genug scheinen es gerade die unangenehmsten Typen zu sein, die sie vertreten. Es sind, nehme ich an, die gleichen, die am kommunistischen System herummanipulieren konnten. Ständig sehe ich das leidende Rußland vor mir. Das Volk litt unter der Unfreiheit in der zaristischen Diktatur, es litt unter der Unfreiheit im Sowjetsystem, jetzt leidet es unter der Freiheit eines marktwirtschaftlichen Systems, das mit einem Schlag der Mehrheit der Bevölkerung die Beine unter dem Leib weggetreten hat. In ihrer todbleichen Enttäuschung vermissen viele die relative Sicherheit unter Breschnew.

In derartigen Verhältnissen werden Menschen, die sich aufdonnern und bis zum Haaransatz pudern und schminken, geradezu heroisch, was man auch von ihren Zielen, Mitteln und Ambitionen halten mag. In seinem imposantesten Aufzug geht man ins Restaurant, um zu sehen, welche Kontakte sich knüpfen lassen und welche Geschäfte man tätigen kann. Die Methoden im Hotel von Jakutsk sind absolut zeitgemäß.

Vogelgucker sind nicht sonderlich fürs Nachtleben zu begeistern. Müde und wackelig auf den Beinen sind sie spät am

Abend aus den Sümpfen zurückgekehrt und wollen jetzt nur noch etwas in den Bauch bekommen und sich schlafen legen, damit sie am nächsten Morgen wieder um halb fünf auf die Beine kommen. Am allerwenigsten haben sie jetzt noch Lust auf Gesellschaft, doch wenn sie endlich mit einem Seufzer der Erleichterung die Tür ihres Hotelzimmers hinter sich geschlossen haben, beginnt das Telefon zu klingeln. Ein paar von den Männern erzählen mir leicht schockiert, daß sie von Frauen angerufen wurden, die ihnen ihre Dienste anboten.

Auch ich selbst werde von einem hartnäckigen Herrn angerufen. Er nennt mich *dewuschka*, Mädchen, aber ich lasse mir nichts vormachen. In meinem Alter muß man seine Freundlichkeiten mit harten Dollars bezahlen.

Ich lehne dankend ab, wünsche ihm eine gute Nacht und ziehe den Telefonstecker aus der Dose. In meiner gesegneten Einsamkeit sitze ich im Schein der Mitternachtssonne und betrachte die Kuh auf der anderen Straßenseite, ein Sinnbild für die Hoffnung auf hinreichende Selbstversorgung und ein erträgliches Leben.

WIE EIN RESONANZBODEN ENTSTEHT

In meiner ersten Zeit in Sibirien erwähnte man die Straflager nicht mit einer Silbe. Das sicherste war, auch über die zaristischen Verbannungsorte nicht zu viele Worte zu verlieren, sonst wären einem womöglich noch Vergleiche entschlüpft, die besser unterblieben wären. Ebenso geht die stalinistische Historiographie mit erstaunlich leichter Hand über die Zwangsarbeit in den Minen und die anschließende Verbannung hinweg. Glaubt man solchen Quellen, bestanden die russischen Neusiedler vor allem aus ehemaligen Leibeigenen oder Altgläubigen, die vor unerträglicher Unterdrückung geflohen waren und sich in Sibirien eine neue Zukunft aufgebaut hatten. Nach und nach war auch dort eine Ausbeuterklasse entstanden – ein Mißstand, der durch die Entkulakisierung der zwanziger und dreißiger Jahre korrigiert worden war, als man die Bauern beseitigte und ihr Land enteignete.

1991 herrscht ein völlig anderes Klima. Wackelig auf den Beinen von einer halbtägigen Flugreise von Moskau landen wir in Magadan. Nach sämtlichen Informationen soll die Stadt am Ochotskischen Meer liegen, doch wir landen in einer wilden Bergwelt im Landesinneren. Personal vom Büro für arktische Angelegenheiten der russischen Akademie der Wissenschaften nimmt uns in Empfang und verstaut unser Gepäck in einem Bus. Dann fahren wir los, auf einer erstaunlich gut asphaltierten Straße. Wir fahren und fahren, mindestens zwei Stunden, und es stellt sich heraus, daß der Flugplatz von Magadan aus Gründen, die zumindest teilweise mit den klimatischen Bedingungen, Nebel, Vereisung et cetera, zu tun haben, meilenweit draußen in der Taiga liegt. Jemand aus der Gruppe, ein Veteran früherer Sibirienreisen, erklärt, die Straße sei wirklich verblüffend gut.

»Die Straße ist mit den Knochen der Sträflinge gepflastert«, antwortet daraufhin unser Gastgeber, Professor A. Er spricht ein hervorragendes Englisch, das er in den letzten Jahren intensiver Kontakte mit Kollegen in Alaska poliert hat. Für eine Weile unterbricht er seine Ausführungen über das Felsenauerhuhn, das wir hier zu sehen hoffen, und erzählt von dem grausamen Winter hier draußen und von den schlecht gekleideten, unterernährten Sträflingen, die in den Arbeitslagern um Magadan vor Kälte, Hunger, Mangelkrankheiten und Epidemien wie Fliegen starben.

»Wie viele?«

Professor A. zuckt die Schultern. »Wer hat sie schon gezählt?«

Doch jedes Wort, das er äußert, ist eine Wiedergutmachung. In den russischen Großstädten ist der Augenblick schon wieder vorbei, da Wahrheitssuche und Meinungsfreiheit die Opfer der Demokratisierungsperiode wert waren. Hier, im hintersten Sibirien, wo die Spielräume größer und die Möglichkeiten zur Selbstversorgung besser sind, bedeutet die Wahrheit noch etwas. Die Geschichte muß wiedergutgemacht werden und jeder einzelne Mensch rehabilitiert.

In Professor A.s und seiner Kollegen Leidenschaft für die Wahrheit schwingt so etwas wie ein geistiges Moment. Durch seinen Mund spricht nun die Asphaltrollbahn nach Magadan: Alle, die hier unter dem Straßenbelag liegen, sind vergeblich gestorben. Das muß gesagt werden, wieder und wieder, wenn die Geschichte geschrieben wird.

In Magadan befinden wir uns auf einer Hauptinsel des Archipels Gulag. 1932 wurden hier große Kontingente von Gefangenen zusammengezogen, um eine Stadt zu bauen. Sie mußten damit beginnen, ihre eigenen Lager aufzurichten, dann mußten sie Wälder abholzen und Straßen anlegen; sie errichteten Häuser und Hafenanlagen, und als die Stadt fertig war, mußten sie den Flugplatz und die Straße dorthin bauen. Zusammen mit weiteren, ständig nachkommenden Sträflingsgruppen mußten die

Überlebenden schließlich die unendliche Straße von Magadan nach Jakutsk anlegen.

Aus nachvollziehbaren Gründen ist das nicht die Art Historie, mit der man sich in den heutigen Touristenbroschüren brüstet. Statt dessen blickt man heute nach vorn. Einen Monat nach unserem Besuch soll eine Flugverbindung zwischen Magadan und Anchorage in Alaska eröffnet werden. Im Hotel sieht man schon Scharen amerikanischer Geschäftsreisender vor sich. Das Personal nimmt uns als Übungsobjekte und entwickelt eine Serviceeinstellung, die uns Rußlandveteranen einfach umhaut.

»Sie brachten tatsächlich eine neue Glühbirne, als ich Bescheid sagte«, meint jemand völlig verdattert.

»Sie haben das Türschloß repariert, sobald ich nur erwähnte, daß es nicht richtig schließt«, übertrumpft ihn ein anderer.

Nur am Wetter können sie nichts ändern. Es regnet beständig und ohne Unterlaß. In strömendem Regen blinzeln wir durch unsere beschlagenen Ferngläser und versuchen das Ochotskische Meer abzusuchen. Man kann nur darauf vertrauen, daß unsere besten Ornithologen wissen, wovon sie reden, wenn sie den Punkten da draußen alle möglichen Bezeichnungen geben. In Plastik knisternd und in Lehm schmatzend stapfen wir durch heftigen Gegenwind zu anderen, ebensowenig kooperativen Vogelrevieren.

Die ganze Zeit über hoffen wir darauf, daß der Regen endlich nachläßt, damit wir noch Professor A.s Forschungsareal weit draußen in der Taiga besuchen können, wo vielleicht noch der Felsenauerhahn balzt, obwohl wir schon den 2. Juni haben.

Erst gegen Abend wird der Regen weniger, und wir treffen einen raschen Entschluß. Wir werden uns sofort auf den Weg machen. Es wird ein Eilmarsch, denn wir müssen uns vor Mitternacht am Balzplatz eingerichtet haben, wenn wir eine Chance haben wollen, im Morgengrauen ein paar Auerhähne zu sehen.

Wieder einer jener Momente sibirischer Aktivität: Jetzt! Schnell! Lauf! Die Hälfte der Gruppe bleibt lieber im Hotel in Magadan. Ich, die ich der Meinung bin, gut zu Fuß zu sein, sage, ich gehe mit, obwohl die anderen alle länger sind als ich und losstiefeln wie die Elche.

Der Bus jagt in rasender Fahrt davon und setzt uns in der Pampa aus. Es regnet nicht mehr stark, und es sieht recht vielversprechend aus. Einen rutschigen Abhang müssen wir hinauf, und dann stehen wir in der richtigen Taiga: Aufgelockerter Wald mit Mooren und Sümpfen und Wiesen und wieder Wald, neuerliche Sumpflöcher, größere Moor- und Heideflächen, alles federnd weich und intensiv duftend nach dem Regen.

Professor A. und sein junger Assistent V. wissen, was sechzehn Kilometer in diesem Gelände bedeuten. Sie sind bärenstark, und für V. ist es der reinste Sonntagsspaziergang, denn sein eigenes Untersuchungsgebiet befindet sich vierzig Kilometer von der nächsten Straße entfernt, und er pflegt die Strecke mit vollem Gepäck in einem halben Tag zurückzulegen. Jetzt legen sie Tempo vor, und unsere Männer aus dem Westen wollen nicht zurückbleiben, sondern geben Fersengeld, als wäre ein Bär hinter ihnen her.

Wer allerdings das Schlußlicht bildet, bin ich. Die ersten Kilometer finde ich es in der sauerstoffreichen Luft noch leicht und angenehm, zu gehen. Ich sage mir, daß die Kerle größere Stoffunterstände schleppen und das Tempo wohl nach und nach verringern müssen, wenn ich bis dahin nur nicht den Anschluß verliere. Dann kommen mir erste Zweifel. Ich merke, daß ich kürzere Schritte mache und daher im Verhältnis schneller gehen muß. Die ganze Zeit. Und jedesmal, wenn ich den Fuß über einen Wiesenhöcker oder einen umgestürzten Baum heben muß, hebe ich ihn höher als sie.

Die ganze Zeit hänge ich etwas nach und bin gezwungen,

eigentlich zu schnell zu gehen, um sie nicht aus den Augen zu verlieren. Jedesmal, wenn wir an einen Wasserlauf kommen, den wir durchwaten müssen, hole ich sie wieder ein; doch bevor ich drüben bin, haben sie den alten Vorsprung schon wieder hergestellt. Es wird langsam dunkel über der Taiga. Ich stolpere immer öfter über Wurzeln und herumliegende Äste, und im Moor trete ich immer häufiger fehl. Langsam keimt in mir der Wunsch auf, einer der Kerle da vorn möge einen leichten Schlaganfall bekommen, nur einen ganz kleinen, so groß, daß sie haltmachen.

Allmählich werde ich gefährlich müde. Ich bin gut zu Fuß, sehe ich ergeben ein, aber nur, wenn ich in meinem eigenen Rhythmus gehen kann. In der fliegenden Hast vor dem Aufbruch habe ich zu viel in den Rucksack gestopft, der jetzt viel zu schwer ist. Ich habe keine Ahnung, wohin wir marschieren, und die Taiga sieht in alle Richtungen gleich aus. Ich kann es mir einfach nicht leisten, zurückzubleiben.

Schließlich muß ich tun, was ich einem festen Vorsatz zufolge niemals tun wollte: Ich rufe meinen Vordermann und sage, sie sollten auf mich warten, ich könne das Tempo nicht halten.

Wie sich herausstellt, haben wir noch zwei Kilometer vor uns. Es ist fast elf Uhr, und wären wir in einem geschlossenen Raum, wäre es jetzt pechfinster. So aber haben wir gerade noch etwas Widerschein vom Himmel, doch am Boden ist es stockdunkel. Einer von den anderen hat Erbarmen und setzt sich zu mir auf einen Stamm, während die übrigen weiterhasten. Sie wollen ein Feuer machen, damit wir etwas Warmes zu trinken bekommen. Mein Begleiter und ich kommen langsam nach, während uns jemand mit einer Taschenlampe die Richtung signalisiert. In der Dunkelheit platschen wir durch noch einen Morast und wanken am Ende in ein Waldstück, in dem ein kleines Feuer brennt.

Das Feuer ist klein, wie alle Lagerfeuer im großen Sibirien traditionell klein sind. Klein, um nicht das Wild zu verscheuchen, klein, um keine Aufmerksamkeit zu erregen, wenn man auf der Flucht sein sollte. Die einzigen großen Feuer in Sibirien sind die Waldbrände, die wochen- und monatelang toben, bis sie von allein ausbrennen und verlöschen. Momentan können wir uns allerdings kaum vorstellen, daß dieser Wald jemals Feuer fangen kann. Er trieft, genau wie ich, die ich mich für eine kalte Nacht in der Taiga angezogen habe und jetzt in eine feuchte Dampfwolke gehüllt bin. Nachdem ich am Ziel bin und die Jacke geöffnet habe, beginnt der Schweiß abzukühlen. Undeutlich denke ich, daß ich mir eine Lungenentzündung holen und das komplette Eismeer verpassen werde.

Selbst das Feuer wirkt feucht, wenn man das von blauen Flämmchen sagen kann, die zaghaft den Boden eines Wasserkessels umlecken.

Ich bin völlig erledigt, und wie alle Grenzerlebnisse enthält auch dieses einen Augenblick des Wohlbefindens. In einer Momentaufnahme sehe ich ein Lagerfeuer in der glutheißen Kalahari vor mir und erinnere mich daran, wie schnell Teewasser kocht, wenn man es bei fünfzig Grad Außentemperatur aufs Feuer stellt.

Das merkwürdige ist, daß ich es nicht bedaure, mitgekommen zu sein. Ich schäme mich, gezeigt zu haben, daß ich schlechter bin als die anderen. Ich wünsche mir, Wasser, das man mit vier Grad aus einem Sumpfloch schöpft, würde genausoschnell heiß wie Wasser in der Kalahari. Es tut mir leid, daß wir wahrscheinlich zu spät gekommen sind und das extrem scheue Felsenauerhuhn bei unserem nicht gerade lautlosen Anmarsch durch die pechfinstere Taiga wahrscheinlich aus ganz Ostsibirien verscheucht haben. Eine Menge Moorschneehühner haben wir schon bis zum Herzinfarkt erschreckt, und die Auerhähne sind natürlich längst über alle Berge.

Uff, und morgen geht es im selben Tempo zurück. Wahrscheinlich, denke ich düster, werde ich die erste von uns sein, die ihr bleichendes Gebein hier in der Taiga zurückläßt. Aber ich bin, wie gesagt, überhaupt nicht niedergeschlagen. Das ist eben der Preis, den man zahlen muß, wenn man an den eigenen Knochen erfahren will, wie sich die sibirische Taiga anfühlt.

Ehe es dunkel wurde, habe ich eine ganze Menge gesehen, während wir marschierten. Als wir die erste richtige Anhöhe erklommen hatten, lag eine weite Hochheide vor uns. Der Untergrund dort war noch fest. Wir folgten einem Höhenrücken, und als wir am höchsten Punkt standen, sagte Professor A.: »Welcome to my valley.«

Von dort hatten wir eine hervorragende Fernsicht. Von so weit oben sahen die Wälder offen aus und weit entfernt, die Heiden schwangen sich in breiten Wogen schön die Hänge hinab in feuchtes Tiefland. An der tiefsten Stelle strömte ein reißender Fluß. Dann kam Moor nach Moor, Gewässer und Flüsse, höhergelegene Abschnitte, Heide und schüttere Taiga, noch mehr Sümpfe, Auen und Moraste, alle feucht. Ist man erst einmal mit überhöhter Geschwindigkeit über sechshunderttausend Sumpfgrasbülten gestiegen und hat ebensoviele Windbrüche auf Waldlichtungen durchquert, fängt man allmählich an, etwas über Sibirien zu lernen. Kein wirkliches Wissen wird einem auf dem silbernen Teller serviert. Jede Einsicht hat ihren Preis. Das wußten nicht zuletzt die Schamanen, die ihren stärksten Rückhalt in der sibirischen Taiga fanden.

Je müder ich werde, um so mehr denke ich an die Schamanen. Um jenen Sinneszustand zu erreichen, den wir in Ermangelung einer besseren Bezeichnung Trance nennen, muß man sich bis zum Punkt äußerster Erschöpfung treiben. Nur so kann der Geist, die Seele, oder wie immer man es nennen will, von der gewaltigen Energie durchströmt werden, die es ihm ermöglicht, sich von seinem Sitz frei zu machen und ungehindert zu bewegen. So kann man in die obere oder auch in die untere Welt reisen und Kontakt mit den Geistern aufnehmen, die unser Leben in der mittleren Welt beeinflussen.

Die wirklichen Trancemeister haben geübt und geübt, nichts, was wichtig ist, bekommt man umsonst. Die Schamanen, die man in unserem Jahrhundert interviewt hat, sprachen alle von der kreativen Erschöpfung, der sie sich ausgesetzt hatten, speziell in ihrer Jugend, als sie ihre Begabung erst noch entwickelten. Kälte ertragen, Fasten und Wachen sind vonnöten, damit die Sinne versagen und die Kommunikation mit der Geisterwelt möglich wird.

Kälte ertragen, Fasten und Wachen – ich bin auf dem richtigen Weg. Aber ich zögere nur einen kurzen Moment, ehe ich den warmen Becher Tee annehme. Das Pflichtgefühl, in dem ich erzogen wurde, verläßt mich nicht, und jetzt muß ich zusehen, daß mich die anderen in dem schwierigen Gelände nicht zurück tragen müssen.

Die Nacht wird, wie ich sie vorhergesehen habe. Sechs Personen sitzen vier Stunden lang in der sprichwörtlichen Telefonzelle eingezwängt, bis der Morgen anbricht und Professor A. vorsichtig über den Balzboden kommt, so leise, daß wir für einen schwindelerregenden Moment annehmen, es sei der Auerhahn, der endlich käme.

»Wenn sie bis jetzt nicht aufgetaucht sind, kommen sie nicht mehr«, sagt er. Wir sollen ihm in seine kleine Hütte folgen, die ihm als Basislager für seine Feldstudien dient, und etwas essen, damit wir den Rückweg schaffen.

Wir sind erst ein paar hundert Meter gegangen, als wir plötzlich Schnabelklappern hören, das absolut charakteristischste Geräusch des Felsenauerhahns. Es ist unmittelbar in unserer Nähe und vollkommen unvorstellbar, daß sieben Augenpaare, alle von geübten Vogelbeobachtern, nichts sehen.

»Er muß da in den Zirbelkiefern stecken«, wispert jemand. Leise wie auf Flügeln schieben wir uns näher, aber da ist nichts. Der Vogel ist ebensogroß wie unser gewöhnlicher europäischer Auerhahn, ein Koloß, der eine Henne neben sich aussehen läßt wie ein Zwerghuhn. Müßte es nicht knacken, wenn er wegfliegt? Wie kann er einfach verschwinden?

»Er ist immer vollkommen lautlos«, erklärt Professor A. Unbegreiflich, unwirklich. Schon zweimal bin ich ganz nah dran gewesen, einmal in der Mongolei, das zweite Mal in Jakutien. Aber noch nie so nah wie jetzt. Es muß sich um einen Geistervogel handeln, den man nur mit einer speziellen Begabung sehen kann.

Dann wird mir plötzlich sehr bewußt, daß ich seit Tagen nicht geschlafen habe, unter Jetlag leide und mich großen körperlichen Strapazen ausgesetzt habe, ohne zu essen.

»Wenn ich jetzt sterben sollte«, denke ich verbissen, »falle ich aus Scham tot um.«

Mein schwedischer Kollege kommt mir zu Hilfe und gibt mir Glukosetabletten. Mehr braucht es nicht. Auf eigenen Beinen schaffe ich es zu Professor A.s Datscha, wo es nach einer sibirischen Wartezeit allmählich Frühstück gibt.

Dann begeben wir uns auf den langen Marsch zurück, und die Gruppe macht oft und rücksichtsvoll Pause. In Magadan bin ich müder als jemals zuvor in meinem Leben. Aber auf eine Art bin ich auch vollkommen zufrieden. Ich war in der Unterwelt, außerhalb meiner selbst, und habe fast in Reichweite den Geistervogel mit dem Schnabel klappern gehört. Ich habe meine dritte sibirische Welt erlangt.

In den alten Kosmologien Sibiriens gibt es drei Welten. Die obere, die mittlere, in der wir uns aufhalten, und die untere. Physisch habe ich mich über einen großen Teil der Mittelwelt bewegt. In meinen jungen Jahren habe ich kurz die obere gestreift.

Jetzt, im mittleren Alter, bin ich für ein paar Minuten in der Unterwelt gewesen und habe gesehen, daß die Taiga dort unten ein Spiegelbild der darüber ist, aber von einer anderen Beschaffenheit. Ich habe eine leise Ahnung davon erhalten, was eigentlich geschieht, wenn der Geist den Menschen verläßt und seiner eigenen Wege geht.

Wie sehr schätze ich die Schamanen, die sich auf solche Reisen begeben konnten und auch noch den Weg zurück fanden. Dank ihrer klingt der sibirische Boden anders wider, wenn ich darüber gehe. Es ist ein Resonanzboden, der entsteht, wenn man ein bißchen besser begreift, was das ist, was man da unter den Füßen hat.

DIE STADT IN DEN WOLKEN

Der Flugplatz von Anadyr liegt von der Stadt durch eine breite Bucht getrennt. Der Grund dafür besteht darin, lernen wir bald, daß man dort wenigstens manchmal ein Flugzeug heil zu Boden bringen kann. Die Stadt selbst ist nämlich nur allzuoft in den Nebel gehüllt, der sich bildet, wenn die Warmluft vom Stillen Ozean auf die Kälte des Kontinents trifft. Manchmal hat man auch Glück und kann von dort weiterreisen.

Das Flughafenhotel ist ein Sinnbild des Fegefeuers. Niemand kann sagen, wie lange der Aufenthalt dauern wird, und der Andrang ist beträchtlich. Alle haben wir ein Ziel, das wir gern erreichen würden.

Wir landeten nach einem Flug von Magadan über die schneegesprenkelte Tundra bei intensivem Sonnenschein um zwei Uhr nachts. Auf dem Rollfeld stehen die Kampfjets noch mit der Nase Richtung Alaska aufgereiht, und wir halten unsere Kameras und Ferngläser sorgsam verpackt, wie wir es in der alten Sowjetunion gewohnt waren. Aber kein Mensch kümmert sich mehr darum. Wenige Soldaten schlendern umher, und ein paar Militärfahrzeuge dösen in ihren Schmelzwasserpfützen. Es ist eisekalt, aber die Tundra taut auf. Es ist einer dieser russischen Momente, die uns daran erinnern, daß, welche Vorkehrungen man auch immer trifft, welche Gesten man ausführt, wie sehr man sich anstrengt, doch irgendwann einmal alles im Morast steckenbleibt, eines Tages, wenn die Temperatur knapp über den Gefrierpunkt steigt.

Es dauert eine gute Weile, bis wir wenigstens zum Flugplatzhotel vordringen. Es ist drei Uhr, als wir endlich den Eingang erreichen. Um vier stehen wir noch immer auf der breiten Treppe in der Schlange. Ganz Nordostsibirien ist hier versammelt; in der gesamten Eismeertundra muß jemand auf einen Reisenden warten, der in Anadyr gestrandet ist. Überall liegt Nebel, nur hier scheint die Sonne, und es ist drei Tage her, seit zuletzt jemand weiterreisen konnte. Das Haus ächzt in den Fugen. Erschöpfte Mitarbeiter am Empfang schließen sich ein und brüllen laut am Telefon; dann fliegt die Tür auf und schluckt erneut eine Anzahl Menschen.

Im Haus gibt es riesige Schlafsäle und kleinere Zimmer mit fünf oder sechs Betten. In den Schlafsälen sollen die Gäste anscheinend in Schichten schlafen. Das Mirakel ist, daß es tatsächlich so aussieht, als würde es funktionieren. Ich glaube, am Ende bekommt jeder einen Platz, auf den er sein müdes Haupt betten kann.

Ich habe den Verdacht, wir verwöhnten Westler, die wir zu unserem Vergnügen hier sind, auch wenn wir unsere gegenwärtige Lage nicht ein solches nennen wollen, werden selbst hier bevorzugt. Aileen und ich bekommen eines der kleinen Zimmer für Frauen, die Männer einen kleineren Schlafsaal. Die Bettwäsche ist auch hier peinlichst sauber. Eine Dame, die mich als Mitglied in der Schwesternschaft der Badenden erkennt, nimmt mich beiseite und drückt mir gegen ein Verschwiegenheitsgelübde den Schlüssel zu einem Duschraum mit heißem Wasser in die Hand.

Im Untergeschoß befindet sich eine Kantine, die stur Frühstück, Mittag- und Abendessen austeilt. Das Küchenpersonal steht in Gummistiefeln in der Brühe und schuftet. Es heißt, daß es in Rußland nichts zu essen gibt. Keiner würde sich wundern, wenn es hieße, auf Grund des Nebels seien keine Versorgungsgüter eingetroffen. Doch diese Helden der Arbeit, die sich untereinander so unfreundlich anranzen, produzieren unverdrossen Tee und Brote und Suppe und eine Art Steaks, nach deren Herkunft man sich besser nicht erkundigt. Die Lappen, mit denen über

Tische, Tabletts, Teller und Besteck gewischt wird, sind mit Sicherheit höchst gesundheitsschädlich, aber niemand wirft sich auf den Boden und schreit, niemand rastet aus, alle arbeiten wie besessen. Welche archaische Arbeitsmoral treibt sie an? Haben sie nicht mitbekommen, daß Rußland zusammenbricht und nichts getan wird?

Wir waten in Stiefeln durch das große Gebäude und ziehen sie nur höchst unwillig an der Schwelle unseres Zimmers aus. Besonders unverzichtbar sind die Stiefel auf den Toiletten, die aus verständlichen Gründen nicht mit der Überlastung fertig werden. An den Außenwänden tropft der große Komplex von Feuchtigkeit und Kloakenabwässern. Die Tümpel in der Nähe riechen streng nach Urin und Küchenabfällen. Eine Tundrasiedlung im Frühjahr ist nichts besonders Schönes, das wissen alle, die sich einmal in der Arktis aufgehalten haben. Im Winter werden die Abfälle von Schnee zugedeckt, doch im Frühjahr, ehe Gras über das Schlimmste wächst, liegen die Müllberge offen im Morast, der über dem Dauerfrostboden schwappt. Es stinkt wie im Affenhaus und nach Aas.

Wir haben Order, uns in der Nähe zu halten für den Fall, daß die Maschine nach Providenja Starterlaubnis erhalten sollte, und wir hegen keine großen Erwartungen, hier in unserem versifften Fegefeuer ein Vogelparadies zu finden. Es zeigt sich aber, daß die Landebahnen von einer Heerschar von Vögeln geschätzt werden. Zwischen bröckelnden Betonklötzen und verbogenen Moniereisen stehen sie und plustern sich auf. Eifrig schwimmen sie auf den Schmutzwassertümpeln umher, und auf einmal hockt in einer Pfütze am Wegrand eine nordamerikanische Pfeifente, die über die Beringstraße geflattert und in Asien gelandet ist.

Wie geht man nun mit Feldstechern und Kameras um? Ich zeige einem Soldaten mein Fernglas und frage, ob ich damit die Vögel beobachten dürfe.

»*Konetschno*, selbstverständlich«, sagt er und läßt es so aussehen, als wäre ich diejenige, die nicht ganz gescheit ist. Und die Kamera dann? Aber ja doch, sicher. *Spasibo*, und das war's. Später, als wir immer noch nicht wegkommen, können wir sogar einen arktischen Bus auf Raupenketten leihen und eine Spritztour auf der einzigen Straße der Umgebung unternehmen. Sie führt zu einer militärischen Radarstation.

Zwölf westliche Ausländer, ausgerüstet mit dem neuesten optischen Gerät und Kameras mit starken Teleobjektiven – wie erklärt man so etwas? Aber es kommt niemand, der fragt. Sollte sich überhaupt ein Mensch in der Station aufhalten, dann hockt er im Warmen und pfeift darauf, daß wir draußen herumstreunen und unsere Fernrohre auf die Anlagen richten.

Nicht weit von der Radarstation sehen wir den Kanadakranich, der in der Tundra, an die wir uns allmählich gewöhnen, einen Größenmaßstab abgibt. Graubraun vom Vorjahrsgras breitet sie sich vor uns aus, gestreift von schmelzenden Schneeresten. In Senken, die so flach sind, daß man sie mit bloßem Auge kaum wahrnimmt, kriechen opportunistisch zehn Zentimeter hohe Weiden über den Boden, jetzt im Frühjahr leuchten sie rosenrot und goldgelb.

Auch Seen gibt es, und darauf schwimmen einige Paare von Trauerenten oder auch Eisenten, wohlbekannte Arten, wenn zuhause zwischen den Schären das Eis aufbricht. Dann ziehen sie in großen Flügen durch: Besonders die Eisenten, die aufgeregt durch die Sunde ziehen und mit ihren Rufen die ganze Umgebung aufschrecken, gehören zu unseren beliebtesten Schärenvögeln. Wenn sie die Tundra erreichen, verstreuen sie sich über die Seen, um zu brüten, stumm und isoliert, weit weg von den schnellen Wendungen und dem lauten Geschnatter der großen Schwärme.

Nach zwei Tagen des Wartens organisieren wir einen Hubschrauber. Er soll uns über die Bucht setzen, um G. abzuholen, einen arktischen Biologen, der an der Beringstraße unser Führer sein soll. Er hat schon seit drei Tagen im Nebel gesessen und auf eine Chance gewartet, zu uns herüberzukommen. Jetzt soll der Helikopter einen Versuch starten, und da es eine große Mühle mit Platz für zwanzig Personen ist, fliegen wir mit.

Es ist strahlendes Wetter, aber über der Stadt liegt immer noch eine Nebelbank. Auf der Suche nach einer Lücke mit Sicht tauchen wir hinein. Es ist das gleiche wie in Milch zu tauchen. Je tiefer wir sinken, umso trüber wird die Sicht. Hoffentlich weiß der Pilot, wie hoch das höchste Haus in Anadyr ist. Er dreht ein paar Kreise und taucht noch einmal ein, muß aber unverrichteter Dinge wieder auftauchen. Nichts zu machen, wir drehen ab und fliegen zu unserem Airport Hilton zurück.

Auf dem Rückflug machen wir einen Abstecher in die Tundra und landen bei einigen vielversprechenden Seen und geschützten Stellen zwischen Hügeln, wo niedrige Weiden stehen und in einer besonders begünstigten Senke sogar einige halbmeterhohe Kiefern. Das Wetter ist klar und die Sicht hervorragend. Nur Anadyr bleibt eine Stadt in Wolken.

Während wir darauf warten, endlich zur Beringstraße zu kommen, gibt es auf den Tümpeln und Müllhaufen eine Menge zu sehen. Kampfläufer balzen allerorten, und es gibt Unmengen von Temminckstrandläufern, Langzehenstrandläufern mit der Bezeichnung *Calidris subminuta* und spitzschnabeligen Odinshühnchen. An die Nähe Amerikas werden wir noch einmal erinnert, als wir bei einer Scheune, die, unbegreiflich genug, am Ende der Landebahn steht, eine amerikanische Grauwangendrossel finden. Und natürlich ausgerechnet da, als wir gerade so weit, wie wir eben durften, in die unterschiedlichsten Richtungen auseinandergelaufen sind, bricht Tumult aus. Der Nebel hebt sich, und das Flugzeug darf sich auch heben.

So ist es in Sibirien: Zuerst passiert gar nichts und dann immer noch nichts und danach noch weniger. Aber dann! Wir kommen zum Hotel gerannt, wo der Führer wie ein Bär aus dem Hubschrauber stürzt, in Null komma nichts haben wir unser Gepäck geholt und im Bus verstaut, und schon geht es auf zwei Reifen ab zur Startbahn. Abflug nach Providenja.

DER BÄR UND DIE POLITKOMMISSARIN

Wir fliegen donnernd über den Golf von Anadyr. Unten offenes Wasser mit vereinzelten Eisschollen und einer Packeiskante, die dabei ist, sich rasch aufzulösen. Das offene Meer davor ist die Bering-See, und als wir in Providenja landen, haben wir das Eingangstor zur Bering-Straße erreicht.

Hier hat sich schon lange vor den Tagen Berings und Nordenskjölds lebhafter Verkehr abgespielt. Bereits 1648 segelte der Kosak Deschnew durch die Straße. Auf seiner schicksalsträchtigen Reise im Jahr 1729 bestätigte Vitus Bering lediglich, daß sie schiffbar war. Ehe er mit seinen Erkenntnissen heimkehren konnte, starb er, auf einer der Kommandeursinseln vor Kamtschatka in eine Sandgrube gebettet, an Skorbut. Die wichtigsten Ergebnisse seiner Forschungsreise waren die lebendigen und präzisen naturkundlichen Beobachtungen, die der Bordarzt Georg Wilhelm Steller mit nach Hause brachte.

Als Nordenskjöld auf seiner *Vega*-Expedition 1878–79 die Nordostpassage »entdeckte«, war sie also längst in den Karten verzeichnet. Nordenskjöld selbst behauptete auch keineswegs, die Passage gefunden zu haben; er hatte nur bewiesen, daß man von der europäischen Eismeerküste durch die Bering-Straße und an Kamtschatka vorbei nach Japan segeln konnte, ohne länger als gelegentlich von den Eismassen aufgehalten zu werden, von denen frühere Entdeckungsreisende geschrieben hatten. Mit einem modernen, gegen das Eis verstärkten Dampfschiff wie der *Vega* ging das ganz galant. Es zeigte sich aber, daß die Entfernungen so gewaltig und die schiffbare Jahreszeit so kurz waren, daß die von Nordenskjöld eröffnete Passage niemals größere wirtschaftliche Bedeutung erhielt.

Heutzutage patrouillieren atomgetriebene Eisbrecher in diesen Gewässern. Aber die Geschichte der Europäer hier oben ist kurz. Tausende von Jahren, ehe sie auf der Bildfläche erschienen, überquerten Tschuktschen und Eskimos die Meerenge. Der umfangreiche Handel der Tschuktschen an der Westküste Alaskas ist wohldokumentiert, und die Eskimosiedlungen an der Bering-Straße unterhielten einen lebhaften Austausch mit Eskimos auf der St.-Lawrence-Insel, die heute zu Alaska gehört. An der schmalsten Stelle ist die Bering-Straße nur 64 Kilometer breit, und die amerikanischen Walfänger, die sich im 19. Jahrhundert dort sammelten, fanden Gruppen, die auf der Straße und entlang ihrer Küsten und Buchten paddelten und Hundeschlitten fuhren. Die Walfänger, die von den Tschuktschen und Eskimos eine Menge lernten, waren ihrerseits dann Nordenskjöld bei der Vorbereitung seiner Expedition behilflich.

Noch viel, viel früher konnte man trockenen Fußes über die Meerenge gehen. Während langer Perioden während und zwischen den letzten Eiszeiten verband eine breite Landbrücke die Tschuktschen-Halbinsel mit Alaska. Wissenschaftler nennen die Region Beringien. Über diese Landbrücke wurde der nordamerikanische Kontinent von paläoasiatischen Völkern besiedelt, die noch heute viele Gemeinsamkeiten mit den Ureinwohnern Sibiriens aufweisen. Als Jäger folgten sie dem Großwild, das damals ebenfalls über die Landbrücke zog. Noch heute gibt es zwischen der Fauna und Flora Nordamerikas und der Nordsibiriens viele Ähnlichkeiten. Früher einmal lag hier eine belebte Verkehrsader, grünend und bewachsen zwischen den Eiszeiten und selbst in der Eiszeit einigermaßen passierbar: Weite Bereiche Beringiens wurden nicht von Inlandeis bedeckt.

Der Vorhang, der in den 1920er Jahren über der Bering-Straße niederging, unterbrach jahrtausendealte Verbindungen. Das gut funktionierende Handelsnetz der Tschuktschen wurde gekappt, Verwandtschaftsbeziehungen unter den Eskimos wurden be-

Geschnitzte Holzvögel vor einer Schamanenhütte im Völkerkundemuseum von Ulan Ude

Auf dem Weg in ein verlassenes Industrierevier, das vorzügliche Kleinstbiotope birgt.

Dekabristendorf in Novoselenginsk. Die Selenga fließt majestätisch durch das Tal.

Eisenbahnbrücke bei Nischni-Angarsk. Die Baikal-Amur-Magistrale verläuft nördlich der Transsibirischen Eisenbahn.

Vor den vereinzelten Gehöften in Jakutien stehen diese mit Schnitzereien verzierten Pfosten zum Anbinden der Pferde.

Der seltene und wenig bekannte Löffelstrandläufer gehört zu den höchst geschätzten Objekten der Ornithologen.

Walskelett in der Nähe eines Dorfes auf der Tschuktschen-Halbinsel

Providenja, das Eingangstor zur Bering-Straße

An Bord der *Fedor Matisen* fahren wir die Bering-Straße hinauf und erkunden die Beringküste.

Das Gras der Tundra ist noch aus dem Vorjahr, erst in ein paar Wochen kommen die neuen Halme durch.

Ungastliche, arktische Tundra des Kolyma-Deltas am nördlichen Eismeer

Im Trockengestell für Fische nistet ein Polarbirkenzeisig.

Tschuktschenfrau aus
dem Fischerlager an
einem der Nebenflüsse
des Kolyma.

Der Kolyma-Fluss auf seinem Weg ins Eismeer

Rosenmöwe in der Nähe des Forschungsinstituts von Magadan am
Kolyma-Delta

schnitten. Trotz der Armut im heutigen Rußland gibt es noch eine Menge, über das man sich freuen kann. In einer Eskimosiedlung südlich Providenja treffen wir zwei Eskimos. Der ältere von ihnen berichtet erfreut, daß sein Großvater einst von der St.-Lawrence-Insel kam und daß sie nun zum ersten Mal seit siebzig Jahren Verwandtenbesuch von der Insel bekommen hätten.

Wir sprechen Russisch miteinander, denn die tiefgreifendste Veränderung in diesen siebzig Jahren besteht in der Russifizierung. Als Nordenskjöld die Gewässer um die Tschuktschen-Halbinsel befuhr und einen langen Winter eingefroren an ihrer Nordspitze überwinterte, kam er mit mehreren Tschuktschengruppen in Kontakt. Niemand sprach ein Wort Russisch. Hingegen konnten einige auf Englisch bis zehn zählen, und das Wort *ship* war geläufig – eine Reminiszenz an die amerikanischen Walfänger. Einer der wirklich netten Abschnitte in Nordenskjölds *Vega*-Buch erzählt von den Bemühungen der Expeditionsteilnehmer, Tschuktschisch zu lernen. Gegen Ende des Winters konnten einige der Sprachbegabteren unter ihnen sich ganz gut in einer Art Pidgintschuktschisch verständlich machen, indem sie die grammatischen Feinheiten wegließen und die Wörter unflektiert aneinanderreihten. Etwa so muß es auch zugegangen sein, stelle ich mir vor, als die Normannen in ihren Bemühungen, mit den Angeln und Sachsen klarzukommen, das Altenglische simplifizierten.

Nordenskjöld beschreibt die Tschuktschen, die er gut leiden konnte, als ein eigensinniges und freiheitsliebendes Volk. Als der Nordosten Sibiriens gegen Ende des 17. Jahrhunderts kolonisiert wurde, waren es besonders die Tschuktschen, die anhaltend aktiven Widerstand leisteten. Mal für Mal mußten teuer ausgerüstete Strafexpeditionen die Erfahrung machen, daß es bedeutend mehr kostete als einbrachte, von den Tschuktschen Steuern einzutreiben. In einem fadenscheinigen Kompromiß wurde schließlich festgehalten, die Tschuktschen hätten in dem Umfang Tribute zu zahlen, wie sie es selbst für angebracht hielten.

Nicht unerwartet waren es daher die Tschuktschen, die sich der Zwangskollektivierung in den 1930er Jahren am heftigsten widersetzten. Teils hatten sie bis dahin nur sporadischen Kontakt mit den Vertretern der Macht gehabt, und teils oder vor allem war die Kollektivierung unter Menschen, die in gesunder ökologischer Praxis in kleinen, beweglichen Gruppen als Rentiernomaden im Innern der Halbinsel und als Fischer an ihren Küsten lebten, völlig absurd.

Die Ironie ist insofern noch größer, als die Tschuktschen in der Praxis bereits eine Form von Kollektivismus vertraten. Nordenskjöld beobachtete ebenso wie spätere Forscher, daß sich bei ihnen keiner für besser hielt als andere, daß die Frauen, die eine bedeutende Rolle bei der Versorgung spielten, gleichgestellte und geachtete Wesen waren, daß die Kinder gut behandelt wurden und vor Fett glänzten und daß das Fleisch einer erlegten Beute unter allen im Lager verteilt wurde.

Wie es zuging, als die Tschuktschen unterworfen, kollektiviert und in Unterwäsche gekleidet wurden, weiß ich nicht im Detail, aber irgendwo sitzt jemand und schreibt ihre Geschichte, davon bin ich überzeugt.

Das Kollektiv bei Providenja, das Anlaß zu dieser Betrachtung gab, leert sich nun gegen Sommer folgerichtig von Menschen. Eine Jäger- und Fischerkultur funktioniert in kleinen Gruppen am besten; davon gibt die lange Geschichte der Menschheit überzeugende Beweise. Heute, da immer mehr Menschen in Sibirien gezwungen sind, zu uralten Prinzipien der Naturalwirtschaft zurückzukehren, ist es ganz natürlich, daß sich die Menschen zerstreuen. In den dünn besiedelten Regionen ist das noch möglich, und deshalb gibt es dort draußen eine Art lebendiger Hoffnung, eine Hoffnung, die in den großen Städten fehlt.

Doch für eine Kategorie von Menschen ist diese Entwicklung eine Tragödie. Nehmen wir einmal an, Sie wären ein Stützpfeiler der Gesellschaft gewesen. Sie hätten in Gemeindeausschüssen gesessen und Ihre staatliche Aufgabe mit Umsicht und sogar mit Begeisterung wahrgenommen. Sie wären ein friedlicher Steuerzahler gewesen. In Ihrer Freizeit hätten Sie sich nützlichen Dingen gewidmet, den Pfadfindern etwa oder anderer Jugendarbeit. Sie wären Mitglied in einem Chor und in Festkomitees gewesen. Wie würde es sich da für Sie anfühlen, wenn man Ihnen erklärte, alles, was Sie getan hätten, wäre nichts als Bestandteile von Reaktion und Unterdrückung? So ergeht es denen, die an die Zwecke und Ziele der Sowjetmacht glaubten und nun sogar die Grundlagen ihrer Existenz wanken sehen.

Einen solchen unglücklichen Apparatschik treffen wir in der Eskimosiedlung, bei der wir gelandet sind. Es ist eine Russin in Regenmantel und Schuhen – in diesem Stiefelland – und mit dem Stahlgebiß aus den Sechzigern, das Russen ungerechtfertigterweise so bedrohlich aussehen läßt. Sie steht da und behauptet wütend, wir hätten keine Berechtigung, an Land zu gehen. Nach russischer Art schimpft sie gut und ausdauernd, mit einem bewundernswerten Variantenreichtum in ihrer Wortwahl.

Sie erwartet, daß wir mit eingezogenem Schwanz zum Landungsboot zurückkehren und glauben, noch glimpflich davongekommen zu sein. Wir schreiben Frühjahr 1991, und noch existiert die Sowjetunion. Doch wir haben G. bei uns, arktischer Biologe und erfahren im Umgang mit Eisbären. Er ist groß und kräftig, mit prächtigen Zähnen und blitzenden Augen ausgestattet. Er atmet tief durch und verkündet der Politkommissarin: »Die Sowjetmacht ist tot!«

In seiner Stimme liegt die ganze Passion, die sich in den Russen anstaut, wenn sie von der kommunistischen Herrschaft sprechen.

Und dann leitet er uns die Böschung hinauf, während sie dasteht und noch ein wenig herumstänkert. So entkleidet man einen Menschen seiner ganzen Autorität, und seine Identität hängt nur noch an einem seidenen Faden. Es tut mir weh, aber es tut auch gut.

Das Kollektiv besteht aus einem großen, verwitterten Betonungetüm. Draußen auf der Tundra liegen ein paar halb verfallene Rentierpferche. Die Einwohnerschaft hat sich, nach den im Gelände verstreuten Walskeletten und Walroßkadavern zu urteilen, lieber der Jagd auf Wale, Robben und Walrosse gewidmet. Die Skelettreste sind in etwas angeordnet, das man für einen Walroßfriedhof halten könnte: Große Kreise aus Knochen und Schädeln, die man traditionell verehrt. Bei den Tschuktschen und Eskimos existieren wie bei Jägern überall auf der Welt Vorstellungen von der Jagdbeute als erneuerbarer Ressource, sofern man sie mit Respekt behandelt.

Die Tatsache, daß die ökonomische Basis zusammengebrochen ist, hat zu einer privaten Dezentralisierung geführt, die sich für uns als Vorteil erweist. Bis vor kurzem besaß die Sowjetunion ein ehrgeiziges Meeresforschungsprogramm. Jetzt liegen die Forschungsschiffe still, und die gesamte Ausrüstung liegt wegen fehlender Mittel ungenutzt herum. Als wir nach Providenja kommen, stellt sich heraus, daß unser Kontaktmann ein komplettes Forschungsschiff samt Besatzung zur Verfügung hat, das wir chartern können.

Wir waren darauf eingestellt, uns in kleineren Booten die Bering-Straße hinaufzuarbeiten und an der Küste in Zelten zu übernachten. Statt dessen dürfen wir an Bord der *Fedor Matisen* gehen, erbaut 1978 auf der Wärtsilä-Werft in Åbo. Durchweg finnischer Standard, in gutem Zustand und sauber. Das Schiff ist für unsere Ankunft vorbereitet, hat gebunkert und ist bereit zum Ablegen.

Es dauert nicht einmal fünfzehn Minuten, die Formalitäten zu erledigen, und in mildem Mittsommernachtslicht verlassen wir Providenja. Das Meer ist überwiegend eisfrei, nur ein wenig glasiges Neueis knistert um den Bug und alte, aufgebrochene Schollen treiben um uns herum. Der hohe weiße Leuchtturm ist das letzte, was wir von der Stadt sehen, ehe er mit den steilen Berghängen darüber verschmilzt.

Am nächsten Morgen sind wir so weit draußen, daß vom Land nichts mehr zu sehen ist. Wir laufen gleichsam in einer Rinne aus reinstem Sonnenlicht, während zu beiden Seiten hell beleuchtete Nebelbänke lagern. Rund um das Schiff sehen wir die Alke und Papageitaucher, die unsere ständigen Begleiter werden. Zwergwale heben manchmal ein neugieriges Haupt, und wir sichten einen einzelnen Beluga. In weiter Entfernung prustet und dampft es wie aus einer heißen Dusche in kaltem Wasser: Eine Herde Walrosse, die sich mit ihrer eigenen Atemluft ein Feuchtklima schafft, das sie beinah unsichtbar macht wie in einem feuchten Aquarell.

Um die Mittagszeit drehen wir bei. Die Besatzung macht sich daran, das Beiboot auszuschwenken und seinen Motor in Gang zu setzen, und es leuchtet bereits eine warme Abendsonne, als wir bereit sind, an Land zu gehen und unsere erste Erkundung an der Beringküste durchzuführen.

Zuerst kommt ein langes Sandriff mit gelbem Vorjahresstrandgras zwischen seinen Dünen im Inneren. In einer Bucht auf der Luvseite liegt Eis aufgetürmt und landwärts davon ein Kranz aus silbrig weißem Treibholz. Es hat lange Zeit gebraucht, bis es hier angespült wurde, und jeder Stamm ist geschliffen, blank und poliert. Oben auf dem Ufer brüten Ringelgänse zwischen riesengroßen Eismöwen, und unten am Strand schwimmen Ketten balzender Prachteiderenten im Flutsaum.

Als wir ihnen zu nah kommen, streichen sie ab. Mit schweren

Flügelschlägen rauschen sie an uns vorbei und fliegen in einem Bogen hinaus aufs Meer. In dem Moment, in dem die Parabel ihrer Flugbahn den höchsten Punkt erreicht, genau da, wo die Sonne die schneebedeckten Berge im Hintergrund anstrahlt, machen sie eine scharfe Wende und kommen zurück. Mit hoher Geschwindigkeit, jede an der ihr bestimmten Position, nähern sie sich wieder der Insel und landen exakt da, wo sie gestartet waren. Und schwimmen wieder in den Uferwellen wie vorher. Die Erpel zeigen uns ihr Profil. Mit ihrer imponierenden Nase und dem orangegelben Schnabel machen sie ihrem Namen alle Ehre.

Wir setzen zum Festland über und gehen an Land. Sand und Kiesel und groberes Geröll am Ufer entlang, Treibholz und Eismöwen, Strandläufer und Odinshühnchen auf den Teichen, federnde Heideflächen auf flachgestreckten Bodenwellen landeinwärts, weiße Berge in der Ferne. Kriechweiden, Reisig und Gestrüpp in den lohenden Farben des Vorjahrs. Und spät am Abend, als die Sonne noch immer mit warmem Leuchten scheint, stürzt plötzlich ein junger Bär dicht an uns vorüber.

Ein Dutzend ausschwärmender Menschen erzeugt eine Menge Unruhe in einer Landschaft. Irgend jemand weiter vorn hat ihn aufgestört, und er sieht uns vier in einer Senke nicht. Wir sehen ihn dagegen schon von weitem. Ein Braunbär wird Menschen nicht gefährlich, das wissen wir, und als er uns erkennt, macht er kehrt. Trotzdem stehen wir angespannt und absolut still da, wie man es vor einem großen Raubtier auf dem Sprung tut.

Und dann erkennt er uns erst richtig. Es ist schrecklich, wie verängstigt er wird. Als ob er sich sagen würde, jetzt sei alles aus. Die Tundra ist groß und weit, es ist also genügend Platz da, aber ganz deutlich hat er Erfahrung mit Schußwaffen gemacht und gibt sich keine Chance. Er wirft sich abrupt herum und läßt sein

Vorhaben fahren, in der Senke Zuflucht zu suchen. Statt dessen galoppiert er parallel zum Strand in Richtung der Hügel weit, weit entfernt.

Was für ein Schweinehund der Mensch doch ist. Der Bär ist schon ein gutes Stück aus Leibeskräften gerannt und holt jetzt die letzten Reserven aus sich heraus und hetzt schnaufend weiter, ein unfreiwilliger Marathonläufer mit dem Tod auf den Fersen. Es ist Frühling, eine magere Jahreszeit, und wir zwingen einen Bären, der vom Winter geschwächt ist, sich völlig zu verausgaben. Länger als zehn Minuten haben wir ihn im Sichtfeld, und er hetzt dahin, ohne langsamer zu werden. Wieviel Nahrung wird er benötigen, um all die Energie zu ersetzen, die er gerade sinnlos verheizt?

In der Reaktion des Bären, in seinem schwerfälligen Lauf liegt etwas sehr Menschenähnliches. Vielleicht die Einsicht in das Schicksal, das uns alle erwartet. Auf unerklärliche Weise stehen wir dem Bären näher als irgendeinem anderen Raubtier. Ich begreife, warum so gut wie alle nordischen Völker ein speziell enges Verhältnis zum Bären entwickelten und ihn mit ihren Kulten verehrten. Es gibt da eine Ähnlichkeit und einen Unterschied, der uns in der Tiefe berührt.

Gedanken an einer Eisrinne

So vergehen unsere Tage an der Bering-Straße. Wir übernachten mit allem Komfort der *Fedor Matisen*, die uns die Küste entlangfährt, und nehmen das Beiboot, wenn wir einen Landgang unternehmen oder einen Vogelberg inspizieren wollen.

Die riesigen Vogelbasare, wie die Brutkolonien so treffend auf Russisch heißen, sind besonders attraktiv. Zum Teil finden wir hier die gleichen Arten wie in den Vogelbergen des Nordatlantiks, etwa Trottellummen und Gryllteisten. Doch arktische und amerikanische Arten überwiegen. Die Hauptmasse der Lummen macht die Dickschnabellumme aus, und die Gryllteiste bekommt Konkurrenz von der ganz ähnlichen Taubenteiste. Der atlantische Papageitaucher ist ausgetauscht gegen den noch auffallenderen Hornlund und seinen Verwandten, den Gelbschopflund. Letzterer ist ein ehrwürdig schwarz gekleideter Herr mit einer gelben Feder auf dem Kopf und einem Schnabel, den man nur als frisch geküßt beschreiben kann.

Kormorane sind nicht so zahlreich wie im Nordatlantik, aber die Meerscharbe kommt vor. Tordalke, Krabbentaucher und Baßtölpel fehlen völlig, dafür gibt es Alkenarten, die noch den Reiz des Neuen haben: Marmoralk, Silberalk, Schopfalk, Zwergalk und Rotschnabelalk. Vertrauter sind uns die Eissturmvögel, Eismöwen und Dreizehenmöwen, die hier brüten.

Alle wohnen sie in Wolkenkratzern, die direkt aus dem Meer aufragen. Dicht an dicht nisten sie in Reihen, wo immer sich ein Felsvorsprung oder ein Sims findet, auf dem sie hocken können. Wenn sie in kreischenden Wolken auffliegen oder ins Wasser prasseln wie Hagel in eine Pfütze, scheint eine ebensogroße Anzahl auf ihren Plätzen zurückzubleiben. Alle tragen ihr üppigstes Prachtkleid, und die Sonne gießt ihren Schein über die Küste.

Die Ursache, weshalb wir an der Bering-Straße, in der Bering-See und um die Tschuktschen-Halbinsel eine derartige Konzentration von Vögeln antreffen, ist ein Nahrungsangebot von so großer Überfülle, daß es die Kürze der Brutsaison, die ungünstigen Witterungsverhältnisse und die heftige Konkurrenz um Nistplätze aufwiegt.

Es herrscht kaum Seegang, der Nebel ist gerade einmal kein Thema und die Landschaft in dem intensiven arktischen Sonnenlicht geradezu überwirklich schön. Wie herrlich muß es gewesen sein, das alles in einer Zeit zu beschreiben, als die Welt gerade erst entdeckt wurde und jeder Bericht eine neue Erkenntnis brachte!

Heute erscheint die Welt als Fernsehgeflimmer in unseren Köpfen. Alles hat man in irgendeiner Form schon einmal gehört, und Zeit ist knapp. Ein moderner Reisender, der seine Glaubwürdigkeit bewahren will, muß vom radioaktiven Niederschlag auf der Tschuktschen-Halbinsel und ihren gravierenden gesundheitlichen Folgen reden und von der allgemeinen Umweltzerstörung, die für das empfindliche Ökosystem der Arktis eine besondere Bedrohung darstellt. Die Schlußfolgerung, die man daraus offenbar ziehen muß, lautet: Wir sind auch mit den Gegenden, die als letzte erschlossen wurden, in der kurzen Zeit, in denen sie sich in den Klauen der Zivilisation befinden, schlecht umgegangen.

Ich pflege meine Vogelguckerei damit zu begründen, daß man auch etwas haben sollte, was ein reines Vergnügen ist. Sibirien habe ich in dem barmherzigen Licht betrachtet, das die Natur hier schenkt. Trotzdem kann ich nicht von der Zwiespältigkeit des Empfindens absehen. Seit mehreren Jahrzehnten tragen Freude und Vergnügen Trauerränder. Was wir lieben und woran wir uns erfreuen, ist im Verschwinden begriffen – meist im Namen des Fortschritts. Wenn man in die Natur geht und sich daran erfreut, klagt man sich zugleich selbst an, nicht auf die Straße zu gehen und gegen die Bedrohung allen Lebens zu kämpfen.

Die Zwiespältigkeit folgt uns auf Schritt und Tritt. An der Küste strömt kristallklares Schmelzwasser zu Tal, und der Schnee schmilzt vor unseren Augen. Schneeammern und Spornammern sitzen bereits auf den Eiern. Auf Hügeln und Heiden stoßen wir auf Rotkehlstrandläufer und Alaskastrandläufer, die beide das Balzgeschäft hinter sich zu haben scheinen.

Bei unseren Streifzügen hügelan, hügelab sind wir auf der Jagd nach einer besonderen Art, der seltenen Kaisergans, die nur ein äußerst begrenztes Verbreitungsgebiet hat und sich gerade hier aufhalten soll. Wir finden sie nie. Statt dessen sehen wir Tschuktschen und Eskimos mit Flinten, was darauf hindeutet, daß große und genießbare Vögel in den Kochtöpfen landen.

»Ekelhaft!« sagt der Engländer. Sicher, aber im stillen frage ich mich, wovon die Bevölkerung denn jetzt sonst leben soll, nachdem die zentralistisch gesteuerte Wirtschaft implodiert ist. Es dürfte kaum besser für sie sein, wenn die Behörden ihnen ihre Jagdrechte wieder wegnähmen und sie statt dessen an Großwildjäger aus dem Westen verkauften, die in Dollar zahlen für eine Abschußlizenz auf Bär, Wolf, Bergfuchs und Wildren oder andere Wesen, die man besiegen und an die Wand hängen kann.

Das dringlichste ökologische Problem ist wahrlich nicht der kleine Tribut, den Tschuktschen und Eskimos aus dem Vorrat der Natur entnehmen. Sicher ist der Bestand besorgniserregend dezimiert und läßt sich nicht mit den enormen Mengen an Gänsen vergleichen, die in arktischen Gefilden noch zu Anfang unseres Jahrhunderts abgeschlachtet wurden, aber die eigentliche Bedrohung geht nicht vom Abschuß in der Umgebung von Siedlungen aus, sondern von der Verarmung natürlicher Lebensräume, die eine Folge der globalen Umweltzerstörung ist.

Hier oben auf der Tschuktschen-Halbinsel setzt man viele Hoffnungen auf ein Gemeinschaftsprojekt großen Stils, das noch in den letzten Jahren der Sowjetregierung eingeleitet wurde. Das Projekt trägt nach der alten Landbrücke den Namen Beringia und zielt auf eine umfassende ökologische Kooperation zwischen der Magadan-Sektion der russischen Akademie der Wissenschaften und ihrem Gegenstück in Alaska. Im besten Fall soll es später zu Zusammenarbeit auf Regierungsebene führen.

Es soll Forschungen koordinieren, Problemzonen feststellen und Lösungen diskutieren. Am Ende möchte man ein riesiges Naturschutzgebiet beiderseits der Bering-Straße einrichten. Es ist wichtig, daß das geschieht, denn es geht um Fragen des Überlebens. Sowohl auf der Tschuktschen-Halbinsel wie in Alaska geht es auch um die Folgen extensiver Förderung von Öl und Erdgas. Das ökologische Gleichgewicht in der Arktis ist zerbrechlich; das wußte man schon ganz genau, als man damit anfing, und heute können beide Seiten eine Menge Erfahrungen austauschen.

Ganz wichtig ist der Status der örtlichen Bevölkerung in der Entwicklung. Die gesundheitlichen Verhältnisse auf der Tschuktschen-Halbinsel sind beklemmend; die durchschnittliche Lebenserwartung liegt kaum über vierzig Jahren. Alkoholismus ist kein geringes Problem. Doch paradoxerweise scheint die Bevölkerung sehr wohl imstande, sich selbst zu helfen. Die Naturalwirtschaft, zu der sie gezwungenermaßen zurückkehren mußte, hat ihr Fähigkeiten und einen Stolz zurückgegeben, deren man die Eskimos im Westen mit den besten Absichten beraubt hat.

Aus meinem Interesse an Jägerkulturen heraus beobachte ich mit Freude, wie die Menschen wieder zu einem mobilen Leben in kleineren Verbänden übergehen. Diese Lebensform hat sich in den vielen Jahrtausenden entwickelt, die Menschen an der Eismeerküste lebten. Die große Herausforderung des Beringia-Projekts besteht darin, die natürlichen Voraussetzungen für ein derartiges Leben zu bewahren und gleichzeitig den Erfordernissen der Gegenwart ins Auge zu sehen. Das Ziel ist nicht mehr und nicht weniger als ein Gleichgewicht zu finden zwischen einer zeitgemäß modernen Entwicklung der Gesellschaft und den völlig anders gelagerten Forderungen, die ein verletzliches Ökosystem stellt.

Unmöglich, vielleicht, aber an und für sich schließt ein unerreichbares Ziel nicht eine Reihe erreichbarer Etappenziele aus. In seiner Anfangsphase gibt einem das Beringia-Projekt jedenfalls Orientierung und Hoffnung. Schließlich und endlich vermittelt es die kostbare Einsicht, daß alles in einem Netzwerk aus Bogen und Brücken miteinander zusammenhängt. Aus geologischer Perspektive ist die Bering-Straße nur eine gelegentliche Eisrinne.

NORDENSKJÖLDS KRAMMETSVOGEL

1849 ankerte die britische Fregatte *Plover* in einer Bucht vor der Siedlerkolonie Providenja am Südende der Bering-Straße. Die Fahrt der *Plover* gehörte zur großen Arktisexpedition Franklins, und die Männer der Besatzung, die an Land gingen, schossen nicht nur Proviant, sondern sammelten auch wissenschaftliche Beobachtungen.

Einer der Vögel, die sie fingen, war ein Exemplar des Löffelstrandläufers, den man zum ersten Mal im Prachtkleid zu Gesicht bekam. Bis dahin gab es lediglich eine geringe Anzahl ausgestopfter Exemplare im Winterkleid in einigen Museen. Aufgrund von Verwechslungen wurden sie als südamerikanische Art klassifiziert. Ein Exemplar, das sich als Falsifikat erwies, soll in Paris gefunden worden sein.

Später fing man weitere Exemplare im Schlichtkleid im Golf von Bengalen, doch als Nordenskjöld den Vogel im Juni 1879, als die *Vega* festgefroren im Eis vor der Tschuktschen-Halbinsel lag, in seinem Brutgebiet antraf, gab es in den Museen der Welt noch immer bloß eine Handvoll blasser Vertreter.

Der Vogel, den Nordenskjöld sah, hatte etwa die Größe eines Rotkehlstrandläufers, Kopf und Brust waren sattrot, der Rücken hübsch braun meliert. Das Außergewöhnliche war der Schnabel, der an der Spitze ausgetrieben war wie ein Löffel.

Was für einen irdischen Nutzen kann ein Vogel von einem solchen Auswuchs haben? Soweit bekannt, unterscheidet sich seine Nahrung nicht grundlegend von der anderer Strandläufer. Der Umstand, daß der Vogel selten ist (die Gesamtpopulation wird auf zwei- bis dreitausend Stück geschätzt) und auf der Tschuktschen-Halbinsel nur in einem äußerst begrenzten Gebiet vorkommt, deutet darauf hin, daß das Experiment nicht sonderlich erfolgreich ist. Andererseits läßt sich behaupten, es handele sich um eine in aller Anspruchslosigkeit durchaus erfolgreiche Art, die trotz geringer Zahl und enger Lebensräume die Stellung hält. Jahr für Jahr fliegen die zarten Vögelchen, Löffel voran, Richtung Südasien zu ihren Überwinterungsplätzen und kehren jeden Frühling zahlreich genug auf die Tschuktschen-Halbinsel zurück, um als Art fortzubestehen.

Ein derart seltener und wenig bekannter Vogel gehört natürlich zu den höchst geschätzten Objekten der Ornithologen. Bevor Gorbatschow die militärisch sensible Halbinsel Besuchern öffnete, waren siebzig Jahre ins Land gegangen, ohne daß ein Westler den Vogel in seinem Brutrevier beobachtet hätte. Mein finnischer Kollege und ich sind uns dessen bewußt, daß wir – sofern wir ihn zu sehen bekommen – die ersten Finnen seit der Oktoberrevolution sind, denen diese Gunst zuteil wird. Vielleicht sind wir sogar die ersten Finnen seit Nordenskjöld, der hier im Juni 1879 im Eis feststeckte und sich durch das komplette Sortiment arktischer Vögel futterte. Auf dem Speisezettel stand auch der Löffelstrandläufer, von dem man eine ganze Menge verputzen mußte, um satt zu werden.

Nordenskjöld hatte keine Ahnung, was für eine Rarität er sich in den Mund schob. Der erste Vogel wurde am 19. Juni erlegt, der letzte am 29. Nordenskjöld zog daraus den Schluß, der Vogel würde sich nach diesem Datum weiter ins Land hinein oder nach Norden auf die Wrangel-Insel begeben, um dort zu brüten, in Wahrheit verhielt es sich jedoch wohl eher so, daß es ihm gelungen war, den lokalen Bestand auszurotten.

Lasse Laine und ich erklären beide vernünftig, daß wir aus vielen Gründen hier sind. Unsere Eindrücke von der Tschuktschen-Halbinsel stehen und fallen nicht mit dem Löffelstrandläufer. Sicher wäre es nett, ihn zu sichten, aber unsere Reise wäre nicht umsonst, wenn wir kein Glück hätten. Der Charme des Vogelbeobachtens liegt ja gerade darin, daß nichts garantiert ist und jedes große Erlebnis als Geschenk von oben kommt.

Trotzdem hat Lasse Laine drei megadicke Zigarren bei sich, die er rauchen will, um seine drei ersehntesten Vögel zu feiern. Das sind der Löffelstrandläufer, der Riesenseeadler und die Rosenmöwe. Als wir in der Plover-Bucht in das Beiboot der *Fedor Matisen* klettern, haben wir erst den Adler gesehen.

Am Nachmittag verlassen wir unwiderruflich die Tschuktschen-Halbinsel. Es ist unsere letzte Chance, einen Löffelstrandläufer zu finden. Vier Stunden haben wir Zeit, ehe wir zum Schiff zurück müssen, und wenn man Eile hat, klappt in der Regel gar nichts. Sind wir vielleicht zu zeitig hier? Wir schreiben den 12. Juni am südlichen Ende der Bering-Straße. Nordenskjöld hatte sein erstes Exemplar am Nordende erst am 19. gesichtet.

Die Plover-Bucht liegt in Sichtweite von Providenja. Auf dem Wasser treibt noch Eis, und auf den Schollen liegen Seehunde faul im Sonnenschein. Am Rand der Bucht stehen ein paar verfallende Jagd- und Anglerhütten. Hoffentlich hatten die, die hier auf die Jagd gingen, größere Beute im Visier als den Löffelstrandläufer.

Die Bucht sieht aus wie die meisten an der Bering-Straße, ein heller Kieselstrand und grasbewachsene Tundra. Bis auf weiteres ist es noch Gras aus dem Vorjahr; es dauert noch ein paar Wochen, ehe die neuen Halme durchkommen. Aber der Boden ist schon einige Zentimeter tief aufgetaut, und es quietscht bei jedem Schritt. Auf dem Wasser schwimmen Strandläufer und Alke. Providenja leuchtet wie eine Märchenstadt im Sonnenglanz. Das Schiff, das draußen vor Anker liegt, heißt *Fedor Matisen* und nicht *Plover*, aber sonst stimmt alles.

Wir ziehen durch das gelbe Gras und lauschen und suchen. Anfangs gibt es falschen Alarm, doch es sind nur Rotkehlstrandläufer – im Normalfall auch ein attraktiver Vogel der Arktis –, und ein schrecklicher Zweifel keimt auf: Was, wenn die jüngeren Berichte von Löffelstrandläufern in der Plover-Bucht auf Fehlidentifizierung beruhen? Andererseits: Wie kann man sich bei *dem* Schnabel vertun?

Und außerdem sind Vögel, die ein so begrenztes Verbreitungsgebiet haben, außerordentlich standorttreu. Kamen sie hier im 19. Jahrhundert vor, dann ist die Wahrscheinlichkeit groß, daß sie es heute noch immer tun.

Und dann, schon recht bald, winkt jemand, und da sind sie, wahrhaftig, Nachkommen in direkter Linie, kann man sich zumindest einbilden, der Löffelstrandläufer, die hier im 19. Jahrhundert herumliefen und mit dem Schnabel stocherten.

Die hier sind etwas ganz anderes als die blassen Wintervertreter in Bangladesh. Hals und Brust rostrot wie die Grundierung eines Schiffsrumpfs. Der Rücken ist in klaren, warmbraunen Farbtönen delikat gesprenkelt. Die Augen blinken schwarz und neugierig. Die grazilen Watvogelläufe, kurz und flink, sind glänzend schwarz. Und der Schnabel? Der Schnabel ist schwarz und blank und endet in einem spatelförmigen Auswuchs, den man mit Fug und Recht einen Löffel nennen darf.

Wir sind alle auf die Knie gefallen. Nicht zur Anbetung, obwohl es so aussieht, sondern weil Vögel ein niedriges Wesen viel näher an sich herankommen lassen als ein hochgewachsenes, das sich schnell bewegt.

Die beiden hier haben noch nicht mit dem Nistgeschäft begonnen, das sieht man. Sie bleiben stets dicht beisammen und entfernen sich nie mehr als ein paar Meter voneinander. Na ja, vielleicht zehn, jetzt, wo sie sich gestört fühlen. Damit sie nicht wegfliegen, liegen wir jetzt bäuchlings im Nassen. Ganz offensichtlich verdutzt beobachten sie uns und all die Ferngläser und Teleobjektive, die sich in diskreten Winkeln auf sie richten. Einer der beiden legt den Kopf schief und peilt uns selbst aus einem

anderen Winkel ein, aber vermutlich bleiben wir schwer einzu-
ordnen. Gemeinsam tippeln sie weiter.

Aber nicht weit. Ganz deutlich ist das hier ihr Brutrevier, und
sie haben sich entschieden, zu bleiben. Duckend und kriechend,
leise und naß, folgen wir ihnen. Die Vögel haben sich auf den Abstand verständigt, den sie einhalten wollen, etwa 15 bis 20 Meter,
und wenn wir anhalten, bleiben sie auch stehen.

Ganz eindeutig sehen wir nichts ähnlich, was sie in Bangladesh oder Hongkong gesehen haben. Einer von ihnen hüpft auf
einen Stock, um einen besseren Überblick zu bekommen. Die,
die Geistesgegenwart genug besitzen, auf den Auslöser zu drük-
ken, bekommen wunderbare Aufnahmen vom Löffelstrandläufer vor einem Hintergrund aus schneebedeckten Bergen oberhalb von Providenja. Unterdrücktes Ah und Oh läuft durch
unsere flach hingestreckte Gruppe. Über einen flüchtig erhaschten Blick hätten wir uns schon gefreut. Und jetzt das!

Das Weibchen des Löffelstrandläufers zwinkert ungläubig.
Den Anblick, der sich ihm bietet, hat es sich auch nie träumen
lassen: Zwölf Vogelgucker in subarktischem Prachtkleid in der
Horizontalen vor dem Hintergrund der blauen Bering-Straße.
»Tchitt«, sagt es zu seinem Freund. Sie piepen und tschilpen ein
wenig miteinander. Jemand von uns schiebt sich näher heran,
und da entschließen sie sich. Sie fliegen auf und flattern davon,
nicht hoch, als ob sie nicht weit fliegen wollten, und in einem Bogen, aber nichtsdestoweniger gibt es hier unheimlich viel Gras-
land, um seinen Landeplatz zu wählen.

Das war's dann also. Aber wer schlau ist, geht zum Ausgangspunkt zurück. Vögel, die nisten wollen, halten an ihrem Revier
unerhört fest. Bald sind sie wieder da. Genüßlich seine Zigarre
rauchend hockt da ein erfahrener Ornithologe aus Finnland und
schaut ihnen entgegen, als sie freiwillig zu ihm kommen.

Niedlich sehen sie aus, wie sie da herumlaufen und picken,

denn der Löffelstrandläufer gehört zu den monogamen Arten. Treu bleiben Männchen und Weibchen während der gesamten Brutzeit zusammen. Über ihr Brutverhalten ist relativ wenig bekannt, doch die geringen Informationen, die wir haben, deuten darauf hin, daß das Männchen mehr oder zumindest ebensoviel Anteil am Brutgeschäft übernimmt wie das Weibchen.

In der Tierwelt gibt es keine alleinseligmachende Norm. Viele verschiedene soziale Verhaltensweisen gedeihen Seite an Seite. Draußen auf der offenen Tundra existieren andere, ebenso gangbare Formen des Zusammenlebens wie die, die der Löffelstrandläufer vertritt. Temminck- und Zwergstrandläufer zum Beispiel praktizieren eine Art Serienpolygamie. Erst bauen ein Weibchen und ein Männchen gemeinsam ein Nest. Das Männchen hockt sich auf die Eier und brütet, während sich das Weibchen auf die Jagd nach einem neuen Partner begibt. Ein weiteres Nest wird eingerichtet, und diesmal ist sie es, die das Brüten übernimmt, schließlich kann sie in einer Brutsaison nicht beliebig viele Eier legen. Es scheint ein gut eingespieltes System zu sein, denn es gibt eine ganze Menge Temminck- und Zwergstrandläufer auf der Welt. Bedeutend mehr jedenfalls als kleinbürgerlich-monogame Löffelstrandläufer.

Der Sichelstrandläufer praktiziert pure Vielweiberei. Ein Männchen hält sich mehrere Weibchen, die alle für sich brüten. Schließlich haben wir noch den Graubruststrandläufer, den Vertreter eines hoch promiskuitiven Lebensstils, in dem das Hähnchen seine gesamte Zeit darauf verwendet, so viele Weibchen wie möglich flachzulegen.

In der Tierwelt tritt die Vielfalt sozialen Zusammenlebens so viel klarer hervor, weil man an das, was man sieht, nicht die arttypischen moralischen Maßstäbe des Menschen anlegen muß. Seit den Tagen Darwins ist es in Mode, bei der Interpretation tierischen Verhaltens eher Nützlichkeitsaspekte zu beachten. Weil das fragliche Tier sich so und so verhält und bis heute überlebt, muß sein Verhalten für seine Art die zweckdienlichste sein.

Von daher regt es die Phantasie so an, gerade Arten zu studieren, die nicht sonderlich erfolgreich sind; jedenfalls wenn man sie an ihrer Zahl mißt. Sie haben ihr eigenes Verhalten ausgeprägt, obwohl verwandte Arten ihre Fortpflanzung auf andere und erfolgreichere Weise organisiert haben. Eine ganze Menge Verhalten ist noch ziemlich unbegreiflich und spricht damit etwas in uns selbst an.

In unserem eigenen Erleben gibt es ja ebenfalls eine rationelle Ebene und eine schwer überschaubare private. In mein Aufzeichnungsbuch kann ich vollständig korrekt notieren, daß ich zwei Exemplare von *Calidris pygmaea* am 64. Breitengrad bei Providenja gesehen habe. Doch auf einer anderen Ebene, auf der ich viel berührter bin, habe ich ein Wunder nahe einem Ort erblickt, der Vorsehung heißt.

IMMER DASSELBE ELEND

»Immer dasselbe Elend«, antworten Leute manchmal, wenn man fragt, wie es ihnen geht. Das hört sich lässig und modern an, beruht aber in Wahrheit auf einem uralten Aberglauben. Die Mächte bloß nicht wissen lassen, wenn es dir gutgeht! Sagst du, du seist gesund, bekommst du Krebs. Sagst du, du seist glücklich, wird dich der, den du liebst, prompt verlassen.

Ich für mich habe einen Bereich gefunden, der so viel von immer demselben Elend bereithält, daß Vergnügen und Ekstase äußerst wirkungsvoll getarnt werden. Keine mißtrauische Macht, die auf mich in der arktischen Tundra des Kolyma-Deltas am nördlichen Eismeer herabschielt, dürfte Verdacht schöpfen, es gehe mir dort unten gut und ich befände mich genau da, wo ich tatsächlich sein will.

Es ist Mitte Juni geworden, als wir so hoch in den Norden kommen. Wie immer, wenn man in arktischen Gefilden reist, besteht alles aus endlosem Warten und überfallartiger Hektik. Urplötzlich beschließt der Hubschrauberpilot in Tscherski: Jetzt ist es soweit. Los, los! Später wird es wieder neblig, und dann weiß der Himmel, wann man hier wieder wegkommt. Kaum sind wir eingestiegen, schreddern die Rotorblätter los, und wir heben ab. Rein in den Nebel und wieder raus, nordwärts über die Tundra, die das Ödeste ist, was man sich vorstellen kann. Dunkel senffarben liegt sie unter uns, narbig von Sumpflöchern und größeren, eisbedeckten Wasseransammlungen. Schnee auf den niedrigen Kuppen, Eis auf allen Bächen, doch die Luft weist ein paar Grad Wärme auf, und am Erdboden ist ein dampfiges Auftauen im Gang, das mit bloßem Auge wie zitternde Luft über einem Dunghaufen zu sehen ist.

Die Bedingungen sind allerdings fruchtbar, so öde sie auch

wirken. Bald sehen wir viele Vögel, die von unserem Knattern aufgeschreckt werden. Gänse, Eisenten und Möwen wie Konfetti unter uns aufgeworfen. Zwergschwäne, die schon auf den Eiern liegen, ducken sich dagegen tapfer in ihre Nester und gehen nicht flüchtig. Als wir die erste Schnee-Eule sehen, kippt der Hubschrauber fast, doch dann sehen wir noch eine und noch eine und bekommen das Gerücht bestätigt: Es ist ein gutes Lemmingjahr!

Wir wollen nach Nordwesten, bis fast hinaus an die Eismeerküste. Vorher landen wir aber noch bei einem Fischerlager an einem Nebenfluß des Kolyma. Wir sollen ein paar Tschuktschen an Bord nehmen, die mit dem Piloten ins pulsierende Leben von Tscherski zurückfliegen möchten.

Es ist diesig, als wir landen. Das Lager steht auf einem flachen Höhenrücken auf der federnden Tundra und besteht aus einer viereckigen Hütte aus Treibholz und Trockengestellen für den Fisch. Unten am Fluß, der eisfrei und schnell dahinströmt, liegen zwei Boote mit starken Außenbordmotoren. Der Pilot blickt mürrisch um sich und erklärt sich dann mit einer Pause einverstanden, damit wir den Horst eines Gerfalken besichtigen können, der sich nach Auskunft der Tschuktschen ein Stück flußauf befinden soll.

Der Boden ist einige Zentimeter tief aufgetaut, also muß es tatsächlich über null Grad sein, obwohl die Kühle wie ein Messer durch Thermokleidung und Mützen schneidet. In aller Stille fragen wir uns, ob es sich wirklich noch viel kälter anfühlen kann, wenn es im Winter hier oben minus 30 Grad wird.

Die Kälte macht einen merkwürdig passiv. Es kostet schon Überwindung, sich überhaupt in Bewegung zu setzen und das Fernglas an die Augen zu heben, obwohl es viel zu sehen gibt. Am gegenüberliegenden Ufer liegt ein Zwergschwan auf dem Nest. Fast zu meinen Füßen hockt ein beharrlich pfeifender Temminckstrandläufer, ein Odinshühnchen rotiert fleißig im nächst-gelegenen Tümpel. Tapfer hält ein Polarbirkenzeisig in seinem Nest mitten in einem Trockengestell aus und wärmt sein kost-bares Gelege trotz der aufdringlichen Fotografiererei. Im Hinter-grund hört man das Wespengebrumm der ersten Hälfte unserer Ornithologengruppe auf dem Weg zum Falkenhorst.

Der eisige Wind führt mehr Dunst und Nebel heran. Er kommt geballt und in Wogen, es wird dunkler und düsterer, und die Automatik der Kamera gibt ihr Warnpiepen von sich, was im-mer man auch knipsen will. Der Pilot ist unruhig. Er läuft herum und spricht aufgeregt mit dem Reiseleiter. »Wie konnte ich nur so blöd sein«, hört man ihn sagen. »Sie laufenlassen, obwohl ich *wußte*, daß es so kommen würde. Touristen!«

Eine Zeitlang übt er sich in Geduld. Ich stelle mir vor, daß er sich in Gedanken ausmalt, wie wir hier für Tage festsitzen, wäh-rend das Leben in Tscherski seinen munteren Gang geht. Dann hört er das Geräusch der Außenborder und läuft ihm mit großen Schritten entgegen. Er wedelt mit den Armen und ruft, wir müß-ten weiter, jetzt, sofort, letzte Chance. Wer nicht kommt, muß hierbleiben!

Wir werden von einem Engländer angeführt, der im Geist der Fairness erzogen wurde. Ja, sie haben die Gerfalken gesehen. Phantastisch! Handgreiflich schiebt er uns übrige, die sie noch nicht gesehen haben, zum Boot. »Beeilt euch!« sagt er und stößt ab. Ich, die ich dazu erzogen wurde, auf die Wetterkenntnis der örtlichen Bevölkerung zu hören, protestiere schwach: »Sie wol-len, daß wir sofort abfliegen.«

»Ach was«, sagt der Engländer. Er winkt den Guide und den Piloten ab und versteht nicht ein Wort von dem, was sie sagen. In seiner Vorstellungswelt ist es undenkbar, daß der Hälfte der Gruppe der Anblick von Gerfalken verwehrt wird.

»Wrumm«, sagt der Bootsmotor. Im Heck versammelt rauschen wir in rasender Fahrt den Fluß hinauf. Die Ufer werden höher, die Strömung nimmt zu, und in starker Schräglage schießen wir um die Windungen. Die richtige Art, Gerfalken an einem Fluß zu beobachten, besteht darin, den Motor frühzeitig abzustellen und dann in angemessener Entfernung an ihnen vorüberzutreiben. Für solche Feinheiten haben unsere Tschuktschen keine Zeit. Ehe wir begreifen, daß wir da sind, stoppen die Boote mit aufbrüllenden Motoren unter einem Klippenvorsprung. Im diesigen Licht fliegt zuerst ein kreideweißer Gerfalke auf, dann folgt, fast unsichtbar, ein grauer. Die Motoren werden mit neuem Aufheulen angeworfen, okay, wir haben sie gesehen, und ab, zurück den Fluß hinunter!

Am Landeplatz steht der Engländer mit düsterer Miene, als hätten wir seine ausdrückliche Order nicht befolgt.

»Habt ihr sie gesehen?« ruft er. »Gut. Dann macht jetzt schnell! Letzte Chance, von hier wegzukommen. Lauft!«

Schon sprintet er zum Hubschrauber, dessen Rotorblätter mit hoher Drehzahl die Luft peitschen und der ungeduldig auf den Grasbüscheln auf- und abhüpft. Wer jetzt nicht rennt, wird ohne Pardon zurückgelassen. Wie schwer ausgerüstete Luftlandesoldaten keuchen wir stolpernd durch die schrecklich feuchten Wiesenhöcker der Tundra und werden einer nach dem anderen an Bord gezerrt. »Schnell!« Hinter dem letzten schlägt die Tür zu, und schon sind wir in der Luft. Die Atmosphäre ist gespannt, als lägen wir unter Flugabwehrfeuer. Unmittelbar verlieren wir das Lager und den Fluß aus den Augen und tauchen in eismeerweißen Nebel. Der Hubschrauber rattert wie ein übergroßer Rasenmäher im Tiefflug über die Tundra.

Im Innern ist es feucht und stickig. Wir hocken auf schmalen Bänken entlang der Bordwände, in der Mitte türmt sich ein Berg Gepäck. Mit einem Schauder von Unbehagen stelle ich mir vor, in welch schrecklichem Durcheinander sich alles über die

Tundra verteilte, wenn jetzt der Boden herausbrechen würde. Wir haben Proviant für eine Woche dabei, Kochgerätschaften, Spülwannen, Zelte und einen Feldherd, bleischwere russische Schlafsäcke, Rucksäcke mit privaten Utensilien, lebensgefährliche Kamerakoffer, Perspektive und Stative, ein unbeschreibliches Tohuwabohu. In der fast immer gefrorenen Umgebung dort unten vergeht ja nichts, und wenn das alles in der Gegend verstreut würde, könnte man dreißig Jahre später meinen, an der Stelle sei eine mittelgroße Ortschaft wegrasiert worden.

In dem ganzen Schlamassel sitzt einer der Passagiere und weint herzerweichend. Er ist fünf Jahre alt und weiß, daß er das Fliegen haßt. Er preßt die Hände auf die Ohren in der Pelzmütze und schluchzt so laut, daß es das Motorengedröhn übertönt. Jemand reicht ihm einen Bonbon, doch er stopft ihn nur in die Tasche und jammert weiter; ein kluges Kind weiß, daß man einen Bonbon nicht richtig genießen kann, während die Ohren weh tun und man laut weinen muß. Seine Mutter hockt daneben und sieht so aus, als hätte sie das schon unzählige Male mitgemacht, und das hat sie bestimmt auch. Hier oben ist der Helikopter das übliche Verkehrsmittel für weite Strecken.

Oft, wenn die großen und starken Hubschrauber mit Platz für zwanzig Personen bei einem Lagerplatz landen und ein oder zwei Tschuktschen auflesen, denke ich an die Busse meiner Kindheit, die durch die südåländischen Landgemeinden tuckerten und jemanden von Lemland hier und jemanden von Lumparland da aufsammelten, Postsäcke abwarfen und kleine Aufträge in Kommission erledigten.

Aber wir stecken jetzt in richtig dicker Suppe, und niemand sagt einen Ton. Manchmal reißt der Nebel so weit auf, daß wir erkennen können, daß die Tundra noch unverändert daliegt. Es gibt keine Landmarken, keine Orientierungshilfen. Ich bewundere den Piloten ebensosehr, wie ich in der Kindheit die Männer von der Küstenwache bewunderte, die in dichtester Waschküche nur nach Karte und Kompaß durch Kökars labyrinthischen Schärengürtel manövrierten.

Aber man sieht, daß er nervös ist. Während er Ausschau hält, spricht er aufgeregt mit sich selbst und scheint sich zu fragen, was nur in ihn gefahren war, als er diesen Job übernahm. Er fliegt jetzt geradewegs nach Norden, anscheinend zur Eismeerküste, um von dort mit Hilfe des Flußarms, an dem es liegen soll, unser Lager zu finden.

Was wie eine Wolkenbank aussieht, stellt sich als der Eisrand des Meeres heraus. Der Helikopter schwenkt in einer engen Schleife nach Westen. Es sieht jetzt so aus, als nähme uns der Nebel von zwei Seiten in die Zange, aber es gibt Lücken darin, und manchmal gehen wir nach unten und halten dicht über dem Boden Ausschau. Unzufrieden mit dem, was er sieht, richtet der Pilot den Hubschrauber auf und sucht weiter. Es scheint, als würden wir ziellos durch die Gegend fliegen und nach der sprichwörtlichen Nadel im Heuhaufen suchen, die jemand auf der Eismeertundra verloren hat.

Als der Helikopter plötzlich erneut in eine scharfe Wende übergeht und dann steil an Höhe gewinnt, glauben wir, daß es gelaufen ist. Der Pilot hat aufgegeben, und wir fliegen zurück nach Tscherski. Doch in einem Wolkenloch mit Bodensicht erkennen wir auf einmal einen Flußarm und einige Gebäude. Der Pilot hat den Hubschrauber steigen lassen, um zu wenden und den Landeplatz anzufliegen.

Dort unten liegt eine richtige Hubschrauberplattform aus Holz, und es gehört zu den Wundern Sibiriens, daß wir mit unserer überlasteten Maschine nicht einfach durch die Planken brechen. Als der Rotor verstummt, ist alles wunderbar. Aber nicht lange: *Dawai, dawai*, jetzt sollen wir ausladen, so schnell es nur geht, damit der Pilot nach Tscherski zurückfliegen kann, ehe es zu spät ist, aus, vorbei, kaputt, finito für ewig und drei Tage. Vielleicht muß man Russen ständig derart Feuer unter dem Hintern machen, damit sie ihn überhaupt bewegen, wir Westler aber nehmen die Sache blutig ernst und hetzen wie die Hirsche.

Vor uns erstreckt sich eine schon recht weit aufgetaute Tundra, obwohl am Fluß noch Eis und überall Schnee zu sehen ist. In der Nähe von Siedlungen, wo die Vegetationsdecke beschädigt ist, bedeutet aufgetaute Tundra schlüpfrigen, nassen Lehm. Über die schlimmsten Stellen liegen ein paar Treibholzbohlen ausgelegt, aber während wir zwischen Hubschrauber und der nächstgelegenen Hütte hin- und herjagen, gelingt es uns nicht immer, darauf die Balance zu halten. Wahrscheinlich stellen wir einen Rekord im Hubschrauberentladen auf. Kaum ist der letzte Proviantsack draußen, beginnen die Rotorblätter zu wienern, und der Helikopter hüpft auf der Plattform.

Auf Wiedersehen und gute Reise! Wir winken dem Piloten, der Mutter und dem kleinen Jungen und hoffen, daß sie nach Tscherski zurückfinden. Dröhnend und knatternd steigt der Hubschrauber in die Höhe und verschwindet umgehend im Nebel. Auch seine Geräusche werden verzerrt, sobald er außer Sicht gerät, und es läßt sich kaum sagen, in welche Richtung er sich entfernt.

Dann wird es still. Und kalt. Das lange Warten setzt ein, wie immer in Sibirien, wenn man nicht um sein Leben laufen muß.

Das Lager, in dem wir wohnen werden, wird zeitweise vom wissenschaftlichen Personal des Instituts in Magadan genutzt. Ursprünglich war es ein Lager der Tschuktschen und wird noch ganzjährig von einer Tschuktschin und ihrem Sohn bewohnt. Es gibt auch einen Mann, der fischen geht, und eine Art Aufseher.

Es sieht nicht so aus, als wären wir erwartet worden. Man hat uns vorgewarnt, daß die Hütten vielleicht nicht bewohnbar seien, und deshalb haben wir Armeezelte bei uns. Es muß erst eine Menge geklärt werden, ehe wir wissen, wo's langgeht. Von Tscherski haben wir einen fähigen Koch und einen Küchenjungen zum Holzhacken mitgenommen, und die beiden führen resolut die Verhandlungen.

Zelte sind angesagt, aber als Frau hat man selbst in dieser Region seine Privilegien. Weil wir nur zwei sind, wird uns zugebilligt, daß wir in der Küchenbaracke schlafen dürfen. Zum schlecht verhohlenen Neid der Männer bekommen wir also ein richtiges Dach über den Kopf. In einem für sie unglaublichen Luxus dürfen wir uns auf den Pritschen räkeln, die am Tag als Bänke um den Eßtisch stehen. Der Herd speichert die Wärme etwas länger als der Feldofen im Zelt. In der Nacht bekommen wir Besuch von rund zwanzig dickpelzigen Tundrawühlmäusen, die nach Essensresten suchen oder auch aus purer Neugier kommen. Im Unterschied zu gewöhnlichen Mäusen klettern sie nicht in Betten, sondern halten sich auf dem Fußboden, wo sie unter vernehmlichem Piepen wie von einer unsichtbaren Hand aufgezogen hin und her huschen. Bequem auf den Ellbogen aufgestützt läßt sich ihr Paarungsverhalten studieren, die ganze helle Polarnacht lang.

Zum Komfort gehört auch das einzige Plumpsklo der gesamten Region. Das dürfen wir benutzen, weil die Sonne niemals untergeht und es meilenweit bis zum nächsten Baum oder Busch wäre. Ich bedaure lebhaft, daß sich einige meiner Kollegen bereits das Copyright für eine Publikation mit dem Titel *A Field Guide to the Toilets of Northeastern Siberia* gesichert haben, sonst hätte ich einen echten Reißer landen können. Auch dieses Etablissement läßt sich unter das immer gleiche Elend rechnen, zumal wir uns alle in Anadyr eine hartnäckige Darminfektion eingefangen haben.

Mit einem Seufzer der Erleichterung wischt man sich die Stiefel im Schnee sauber und begibt sich hinaus auf die Tundra. Laß die Mächte nur zusehen! Sie sehen nichts als eine Fortsetzung des ewig gleichen Elends. Immer ist man falsch angezogen. Entweder knallt die arktische Sonne wie besessen und kocht dem Wanderer das Leben aus seiner Polarausrüstung, oder eiskalter Eismeerwind fällt ein und läßt einem das Mark gefrieren. Tritt man fehl, wird man naß. Jeder Schritt erfordert Kraft und Konzentration. Das Tauwetter hat die gesamte Tundra in einen einzigen Morast verwandelt, und es quatscht bei jedem Schritt. Die Vegetation, die so weit im Norden noch überdauern kann, schützt sich, so gut es geht, gegen die Kälte, in dem sie sich zusammenrottet und große, schwankende Büschel und Bülten bildet. Man steigt darauf und steigt herab, tausendmal tausend Mal. Ein Wunder, daß man überhaupt Vögel sieht, bei so viel Aufmerksamkeit, die allein davon mit Beschlag belegt ist, sich auf den Beinen zu halten. Da latscht man durch die Pampa und schleppt sich mit Rucksack, Kameraausrüstung und Feldstecher ab und fragt sich, ob man eigentlich noch ganz gescheit ist.

Vorsichtig blinzele ich nach oben: Oh ja. Wenn man uns von oben betrachtet, was die Mächte sicherlich tun, sieht man eine versprengte Schar von Leidensgenossen auf der ungastlichen Tundra verteilt. Sie sind dramatisch schlecht an das Leben dort unten angepaßt. Langsam, unbewaffnet, hilflos auf zwei Beinen in einem Terrain, das vier Beine oder Flügel verlangt, und unökonomisch in ihrem Betrieb: Zweimal täglich schleppen sie sich zu ihrem Ausgangspunkt zurück, um Nahrung aufzunehmen, die auf ebenso unökonomische und vernunftwidrige Weise zu ihrem Verbannungsort verfrachtet wurde. Nie scheinen sie das zu finden, was sie suchen. Oft pflanzen sie ihre Apparate auf und spähen eifrig hindurch, aber dann ziehen sie jedesmal weiter und wiederholen den Versuch an einer, wenn möglich, noch unzugänglicheren Stelle.

Arme Menschlein! sagen die Mächte und wenden den Blick

ab. Und uns geht es gut: Niemand bricht sich ein Bein, die, die sich verlaufen, finden wieder zurück. Unsere Freuden haben wir für uns allein, sie liegen versteckt wie in Tarnanzügen. Nein, niemand ahnt etwas.

Mir hingegen schwant, welche Absicht M. A. Castrén, der liebenswerteste aller Sibirienreisenden, verfolgte, als er in den 1840er Jahren schrieb:

»... und so muß wohl ein jedweder außer dem Samojeden rechtermaßen zugeben, daß es auf dem Erdboden nichts Widerwärtigeres gibt als die Sibirische Tundra.«

DAS HERZ AM ENDE DER WELT

Hier also wollen wir fast ebensolange bleiben wie es dauert, ganz Sibirien mit dem Zug zu durchqueren. Fortbewegungsmittel gibt es hier kaum, lediglich zwei auf das Eis des Ufers gezogene Aluminiumboote und einen still vor sich hin schmollenden Schneescooter auf nackter Erde. Bis uns der Helikopter holen kommt, wird es vollständig still sein. Jetzt, nachdem sein Schrappen und Dröhnen verklungen ist, kann man vernehmen, wie sich Tundra anhört.

Selbst der Pflichterfüllteste von uns verharrt und richtet den Rücken auf. Wir sind dabei, unseren Krempel zu bergen, der sich im Modder türmt, aber einen Moment lang wird man wohl stehenbleiben und zuhören dürfen.

Das Vogelleben reicht bis an die Hausecke. Auf dem Hackklotz steht ein Temminckstrandläufer und flötet, was das Zeug hält. Hinter dem Holzhaufen haben Kampfläufer einen Balzboden platt getreten. Der arktische Wind pfeift in ihren Halskrausen und Perücken. Mit einem Kreischen bremst eine Falkenraubmöwe im Flug und stellt sich mit ausgebreiteten Schwingen über eine Wühlmaus in einem Grasbüschel. Die Tümpel sind rot gesprenkelt von Odinshühnchen. Fünf arktische Kraniche ziehen vorüber und tröten in Bronzeluren. Auf dem Fluß ist alles ruhig, und in der Stille sprengt ein Gelbschnabeleistaucher die Oberfläche und gleitet vorbei. Der größte und distanzierteste aller Taucher. Er ist der Vogel, der meiner Vorstellung vom Geistervogel der Schamanen am nächsten kommt, und daher ein Symbol für das, was sich unter der Oberfläche regt, ein Spiegelbild der Tundra, die jetzt endlos weit vor uns über den Boden gebreitet liegt.

Nicht der Artenreichtum als solcher macht die arktische Tundra für Vogelbeobachter so attraktiv, sondern der Umstand, daß man hier in der kurzen Brutsaison das Vogelleben so reich und so geballt erleben kann. Alles, was Flügel hat, trägt Prachtkleider, und in dem intensiven Spiel um Glück und Erfolg ist der Mensch von untergeordneter Bedeutung. Leidenschaft macht blind, und Warnrufe verklingen vor tauben Ohren; näher als hier kommt man dem Vogelleben nicht.

Das Forschungsinstitut von Magadan hat den Platz mit Bedacht und dem richtigen Riecher gewählt. Schon 1905 fand Sergej Buturlin hier eine Rosenmöwenkolonie. Wahrscheinlich ist es die gleiche, die wir 86 Jahre später zu sehen bekommen. Die Rosenmöwe gehört zu den Arten, die die meisten von uns unbedingt sehen wollen, und als jemand gleich am ersten Abend den zigarrenförmigen Vogel in den Nebel tauchen sieht, läßt der Ruf »Ross's Gull!« die Temperatur um einige Grade steigen. Der Zeitpunkt unserer Reise war so gewählt, daß wir unmittelbar nach all den seltenen Vögeln eintreffen sollten, die hier brüten, und das Zeichen der Rosenmöwe am Himmel sowie das wilde Balzen überall um uns herum deuten darauf hin, daß wir eine hundertprozentige Punktlandung geschafft haben.

Im engsten Umkreis gibt es so viel zu sehen, daß sogar die Rosenmöwenkolonie warten muß. Sie liegt irgendwo in einer Senke, geschützt von den flachen Höhenrücken, die wir in einigem Abstand sehen und auf denen in guten Lemmingjahren Schnee-Eulen horsten. Die Hügel bilden einen Halbkreis um die Heide und die Hochfläche jenseits des Schmelzwassersees und schaffen ein unglaubliches Vogelrevier. Vor den schlimmsten Unbilden der arktischen Witterung sind sie dort geschützt, und selbst die Watvögel brüten so dicht an dicht, daß man sich vorsehen muß, nicht auf ein Nest zu treten.

Ich liebe Watvögel und bin also genau am richtigen Ort. Wo ich sonst lebe, ist ein Odinshühnchen ein seltener Irrgast, ein

Thorshühnchen eine Sensation. Beim Anblick meines ersten Exemplars im Kolyma-Delta bleibt mir fast das Herz stehen. Selbst ochsenblutrot wie ein kleines, verbrauchtes Herz schwimmt es auf seinem Teich. So perfekt ist das Weibchen geformt, so kühn gezeichnet mit seinen weißen Ohrendecken und dem knallgelben Schnabel, so prangend ziehen sich Goldbrokatstreifen über das Rot der Rückenpartie, daß man sich kaum vorstellen kann, jemals wieder etwas anderes anschauen zu wollen.

Hier gibt es Thorshühnchen überall auf der Tundra, mehrere gleichzeitig in Sichtweite, ein Paar auf jedem Schmelzwassertümpel. Auch Odinshühnchen sind reichlich vertreten, der hübscheste Watvogel, den ich zuhause kenne. Das Weibchen hat einen klargrauen Kopf, weißen Brauenstreif, dunklen Schnabel, weiße Kehle, einen glänzenden, ziegelroten Hals, einen feingesprenkelten Rücken und graue Flanken, die in einen blendend weißen Bauch übergehen – sichtbar, wenn das Vögelchen im Wasser auf und ab nickt.

So flatterhaft ist die Natur des Menschen und so reich die Tundra, daß er tatsächlich so blasiert werden kann, an Dutzenden von Wassertretern vorüberzugehen, ohne auch nur das Glas an die Augen zu heben. Im Vorbeigehen registriert man ihr Geschick bei der Futtersuche: Das bemerkenswerteste an ihnen ist eigentlich, daß sie immer wohlgenährt und in glänzend guter Verfassung sind, selbst dort, wo das Nahrungsangebot minimal zu sein scheint.

Als Frau fühlt man sich richtig ermuntert, denn Thors- und Odinshühnchen gehören zu den wenigen Arten, bei denen das Weibchen prächtiger und dominant ist. Leidenschaftlich scharwenzelt sie um ihn herum und versucht, das träge Hähnchen in Wallung zu versetzen: Ganz offenbar verspricht sie ihm das Blaue vom Himmel und ein sorgenfreies Leben. Dann legt sie ihre Eier und wird ausweichend und desinteressiert. Er darf brüten, am

Herd stehen und die Kinder füttern, während die aufgeplüschte Madam schon frühzeitig von zuhause abgehauen ist.

Niemand sucht sich seine Natur aus, man ist so, wie man beschaffen ist, und ein umgedrehtes Rollenmuster bedeutet keineswegs mehr Gleichheit. All das überspringe ich neunmalklug in meinen Gedanken, denn es geht ja nicht um Menschen, sondern um Vögel. Lieber denke ich an Walt Whitman, der sich wünschte, unter Tieren zu leben. Bei ihnen, glaubte er, sei auf der ganzen Welt niemand glücklich oder unglücklich, sondern jeder sei einfach das, wozu er geschaffen sei.

Kampfläufer sind so ziemlich das genaue Gegenteil zu Wassertretern. Bei ihnen sind es die Männchen, die sich aufputzen, und vielleicht sind sie überhaupt die größten Angeber auf der Tundra. Fänden sie auf dem Flohmarkt eine Federboa, würden sie sich das gute Stück unweigerlich um den Hals hängen, Mühlsteinkrägen, Federn, Mantillas und falsche Zöpfe, alles wird verwendet, und in vollem Kriegsputz geht es dann auf den Balzboden. Sprünge, Krachschlagen und Scheingefechte, lange Stunden, in denen sie nur herumstehen und sich gegenseitig imponieren. Das Weibervolk bleibt dagegen bewundernswert cool. Kaum hält es sie der Mühe wert, auch nur einen Seitenblick auf den ganzen Aufstand zu werfen. Es ist wirklich phantastisch, wie gut sie ihr klopfendes Herzchen kaschieren können.

Weniger weit verbreitet und daher geheimnisvoller und anziehender sind der Sichelstrandläufer und der große Schlammläufer. Im Abendlicht sehen beide beinah weinrot aus, und beide sind hocharktische Brutvögel, die ich bislang nur in ganz anderer und weitaus anspruchsloserer Aufmachung im tiefen Süden kennengelernt habe, den Sichelstrandläufer in Afrika und den großen Schlammläufer in Amerika. An ihren Überwinterungsplätzen treten sie in Schwärmen auf. Hier oben an ihren Brutplätzen empfangen sie zurückgezogen zwei und zwei, und man fühlt sich dabei persönlich geehrt wie bei einer Privataudienz.

Wie sehr liebe ich nicht dieses satte Rot, all das Auffallende und Knallige hier draußen auf der gedämpften Tundra. Trotzdem wird zu meiner eigenen Überraschung ein anderer und eher unansehnlicher Watvogel für mich zum eigentlichen Sinnbild der Tundra.

Alle tragen wir Bruchstücke von Gedichten und Liedern mit uns herum, die in uns auf ihr exaktes Abbild warten. Wenn es sich offenbart, erkennen wir es sofort.

Ich hatte so ausgiebig Odinshühnchen, Kampfläufer und Sichelstrandläufer beobachtet, daß mir ganz warm ums Herz war und ich mich tief zufrieden fühlte. Als ich mich zum Lager zurückwandte, suchte ich mir einen kleinen Umweg über etwas höher gelegenes Gelände, das nicht so üppig von Wassertretern bevölkert war. Ich ging vorsichtig, um richtig auf die Wiesenhökker und nicht in ein Nest zu treten, und blieb oft stehen, um mich umzusehen.

Dabei hörte ich auf einmal etwas wie eine ferne Detonation. Ein merkwürdiges Grollen, das aber doch seinen Ursprung ganz in der Nähe zu haben schien. Es hörte sich an wie eine Sprengung tief im Untergrund, man konnte sich fast einbilden, die Erde bebte ein wenig dabei. Ich drehte mich um, sah aber nichts, was ich mit dem Geräusch in Verbindung brachte. Da hörte ich es wieder, und jetzt war ich aufmerksam und konnte es lokalisieren. Es kam aus größerer Nähe, als ich anfangs geglaubt hatte.

Auf einem Grashöcker, so nah, daß ich fast meine Lesebrille gebraucht hätte, stand ein Graubruststrandläufer. Während ich ihn ansah, pumpten sich seine Kehle und seine Brust voll Luft, und dann kam eine neue Serie von Detonationen. Die Brust ging wie ein Blasebalg, während der Vogel ein dumpfes Wummern ausstieß, das diesen eigentümlich unterirdischen Klang hatte.

Der ganze Vogel pulsierte wie ein Herz – ein, aus –, und während es arbeitete, schlug das Herz »bumm!« wie in einem blechernen Brustkorb.

Und da fand das Bild sein Gedicht. Viele Finnlandschweden haben bestimmt wie ich als Kind das Lied *Kristallen den fina* gelernt. Darin gibt es eine Zeile, die allen Liebenden aus der Seele spricht: »Und ginge ich ans Ende der Welt, so riefe mein Herz zu dir.«

Jetzt sah ich das Herz, und ich hörte es rufen. Wir waren am Ende der Welt. Es war genau wie in dem alten Volkslied. Und genauso beharrlich ruft die ganze Schöpfung ihr »Bumm!« über die Erde. Es steigt aus einer Not und einer Lust, die wie ein Beben ist. Das Sinnbild dafür ist, ich weiß es jetzt, ein Graubruststrandläufer am Rande des Eismeers; ein Männchen, das auf einem Wiesenhöcker steht und nach einem Weibchen ruft, ein getarntes Herz in Beige mit dunklen und hellen Sprenkeln, das sich ausdehnt und zusammenzieht, genau wie dein eigenes Herz.

Raum und Zeit: Von Mönchskranich und Schnee-Eule

Manche Vögel lassen sich von Menschen nicht stören. Mag man solche Spekulationen, kann man sich sogar einbilden, sie würden die Gesellschaft des Menschen vorziehen. Das gilt hier für die Schneeammer und den Polarbirkenzeisig und auch für Temminckstrandläufer und sogar die Kampfläufer, die an ihrem lange vor Ankunft der Tschuktschen eingerichteten Balzboden festhalten.

Andere Vögel sind unnahbarer und achten auf ausreichend Distanz. Sie sind hyperempfindlich gegenüber Eingriffen in ihre Umwelt und ziehen sich sofort zurück. Um sie zu finden, müssen wir weitere Strecken zurücklegen.

Ein Kranich steht hoch über der Tundra und hat weite Sicht. Er läßt uns exakt so nah herankommen, wie *er* will, und das bedeutet, er hält uns auf kalkulierte Distanz. Hier oben finden wir nicht mehr den gewöhnlichen eurasischen Kranich, sondern den arktischen Kanadakranich. Er brütet im nordöstlichen Sibirien, in Alaska und Kanada und gehört damit zu den Arten, deren Verbreitung lebende Beweise für die eiszeitliche Verbindung zwischen den Kontinenten liefert. Im Herbst fliegen gewaltige Keile von Kanadakranichen über die alte Landbrücke und ziehen dann über Amerika südwärts, während sämtliche anderen Kranicharten in den Süden Asiens ziehen.

Wie der gewöhnliche Kranich kommt auch der Kanadakranich gut über die Runden. Seine Zahl geht in die Hunderttausende. Die Formationen, die jedes Jahr über die Bering-Straße ziehen, gehören zu den großartigen Schauspielen der Natur. Auf unseren eigenen Streifzügen durch die Arktis sehen wir sie in Anadyr, auf der Tschuktschen-Halbinsel an der Bering-Straße und oben im Kolyma-Delta. Mit ihrem nach Einsamkeit klingenden Trompeten fliegen sie manchmal über uns hinweg. In dieser Jahreszeit, im Juni, haben sie sich schon über das Brutgebiet verteilt, und wir sehen sie nie in größeren Gruppen als zu fünft beisammen. Hier oben am Eismeer tanzen diese fünf noch ein bißchen halbherzig, obwohl es wahrscheinlich Jungvögel sind, die noch nicht nisten werden. Mit einem federnden Sprung hebt einer von ihnen vom Boden ab und fliegt mit ausgebreiteten Schwingen los. Der, dem er imponieren will, dreht ihm den Rücken zu und stolziert davon. So was kommt nur allzuoft vor.

Irgendwo draußen auf der Schwemmlandtundra zwischen den Flüssen Indigirka und Kolyma haben wir auch den seltensten aller Kraniche gesehen, den sibirischen Mönchskranich. Lange waren zwei Populationen bekannt, eine am Ob in der Region von Taimir im Nordwesten Sibiriens, die andere zwischen Kolyma und Indigirka im Nordosten. Die Ob-Population hat sich auf weniger als 200 Paare reduziert und wird in ihren Winterquartieren im Iran und in Pakistan verfolgt. Immer weniger überwinternde Exemplare kommen bis Bharatpur in Indien, einem ehemals bedeutenden Winterstandort, an dem sie geschützt sind. Die nordöstliche Population schätzte man lange auf 350 Paare, doch dann wurde 1990 ein bis dahin unbekanntes Überwinterungsgebiet in China entdeckt, das nicht weniger als 2000 Mönchskraniche beherbergte. Das bedeutet, daß sie über ein vielfach größeres Gebiet in den unzugänglichsten Regionen Jakutiens verteilt brüten, als man bisher annahm, und durch die Ornithologenwelt ging ein allgemeiner Seufzer der Erleichterung.

Es ist keineswegs geplant, daß wir sie beobachten. In ihrem Brutgebiet sind sie Störungen gegenüber extrem empfindlich. Das letzte, was sie sein sollten, wäre eine Touristenattraktion.

Jetzt sind wir aber nun einmal die erste Gruppe hier oben und zudem die meisten von uns derart gut qualifizierte Ornithologen und Ökologen, daß sie den Touristenstempel als Schande betrachten. Als wir im Hubschrauber einen Rekognoszierungsflug über Jewgenij Potapows Forschungsrevier unternehmen, wo er in der vorangegangenen Saison das Brutverhalten der Art untersucht hat, entdeckt jemand einen weißen Kranich im Flug.

Das ist etwas so Seltenes und Außergewöhnliches, daß ein Engel mit Harfe im Arm leichter zu akzeptieren wäre. Ich habe ihn nie gesehen, und mehrere andere auch nicht. Trotzdem sitzen wir erschüttert und andächtig wie vor einem Wunder. Der Hubschrauberpilot fackelt nicht lange. Es ist ein schöner, sonniger Tag mit guter Sicht, und – pardauz – setzt er den Hubschrauber mitten in ein Moor.

Das schöne an Mooren über Permafrost besteht darin, daß man nicht tiefer als ungefähr einen halben Meter einsinkt, ehe man auf einer Granitplatte steht. Der Pilot verfügt über langjährige Tundraerfahrung und hat, wie sich herausstellt, seine Maschine exakt auf die trockenste Stelle der gesamten Gegend gestellt. Wenige Vögel nisten in einem unzugänglicheren Gelände als der Mönchskranich. Das Land wirkt vollkommen eben, ist aber in Wahrheit eine weite, tellerförmige Senke, in der sich Schmelzwasser über Dauerfrostboden sammelt. Unsere eigene Tundra am Eismeer wirkt im Vergleich wohldrainiert und rücksichtsvoll gegenüber Wanderern. Hier draußen im Feuchtgebiet des Mönchskranichs versinkt man bei jedem Schritt bis zu den Knien.

Einer von unseren hochgewachsenen Spähern zischt schon aufgeregt, daß er einen Mönchskranich im Perspektiv habe. Der ganze Wald von Objektiven wird aufgepflanzt. Es ist mitten am Tag, und die Luft zittert über dem Moor. Ja, man sieht tatsächlich etwas Weißes, das sich bewegt oder in der unruhigen Luft bewegt wird. Dann hockt es sich hin, und nicht einmal mehr die Ahnung eines Kranichs bleibt auf der weiten Fläche zurück.

Dann geht alles schief. Zwei Personen mit Führungsqualitäten geben einander widersprechende Anweisungen und fallen wütend über die her, die sich »falsch« verhalten. Wir sollen vorsichtig in einer Reihe näher herangehen, heißt es, werden aber in zwei verschiedene Richtungen gewunken, und ich werde dafür heftig ausgeschimpft. Natürlich kommen wir den Kranichen nicht einen Schritt näher; sie bewegen sich leicht und lautlos in einem Abstand von mehreren Kilometern. Wir dagegen haben nach ein paar Metern Wasser in den Stiefeln und dürfen aufgeben.

Ich hocke im Hubschrauber, schmolle und sympathisiere heftig mit dem ausgedehnten Revieranspruch des Mönchskranichs. Fünf Kilometer bis zum nächsten Artgenossen erscheinen mir gerade angemessen. Ein echter Anschauungsunterricht in den Nistgewohnheiten des Kranichs war das. In diesem völlig unzugänglichen Gebiet, in dieser totalen Einöde kann man sich fragen, wieso eine Art, die in ihren Brutrevieren kaum Feinde kennt, nur eine so minimale Population erhalten kann. Was im Brutverhalten dieses Vogels macht ein derart großes Revier erforderlich?

Mit Spekulationen über die Frage, weshalb manche Arten nur mit Mühe geringe Bestände aufrechterhalten können, während andere unter günstigen Umständen ins Unendliche zu expandieren scheinen, kann man sich die Zeit vertreiben, in der der Zorn verraucht. Wie schon so oft wünsche ich mir, ein Watvogel zu sein, der einen lauten Schrei ausstößt und seiner Wege fliegt, wenn ihm jemand zu nahe kommt.

Im Herbst wird Potapows Bericht auf Englisch publiziert, und die Fragen nach den Mönchskranichen bekommen ihre Antworten. Während seiner heroischen Feldforschungen, als er halbamphibisch im Sumpf lebte, lebendig von den Mücken gefressen wurde und sich fast selbst in einen Kranich verwandelte, kam Potapow zu dem Ergebnis, daß der Mönchskranich auf Grund ganz natürlicher Ursachen selten ist. Er braucht ein höchst spezielles Habitat, einen ganz besonderen Typus von Tundrasee mit einem Kranz schwimmender Vegetation um die Ufer. Daraus ergibt sich zwingend die Notwendigkeit der ausgedehnten Reviere, ohne die ein Kranichpaar nicht seine kostbare Nachkommenschaft aufziehen kann. Die Tundra selbst ist es, die die Art begrenzt, meint Potapow und weist moderne manipulative Methoden zur Erhöhung des Artbestands zurück, etwa die Aufzucht in Gefangenschaft und die Aufforstung der Tundra.

Das wichtige ist statt dessen, die erforderlichen großen Flächen zu erhalten und vor allem dafür zu sorgen, daß die Vögel an ihren Überwinterungsstandorten nicht länger aus dem Hinterhalt abgeknallt werden.

Was die Greifvögel betrifft, sind es die Lemminge, die über ihr Wohl und Wehe entscheiden. Wenn die Lemmingpopulation zusammenbricht, was ungefähr jedes vierte Jahr passiert, stellen die Schnee-Eulen und Rauhfußbussarde das Brüten sein, andere schaffen es nicht, ihre Brut durchzubringen. Die Schmarotzerraubmöwen hungern. Kleinvögel und Watvögel, die in normalen Jahren keinen übermäßigen Tribut zollen, werden nun von allen hart angegangen, die verzweifelt auf der Jagd nach Beute sind: ausgemergelten Polarfüchsen, Greifvögeln, Raubmöwen, allem, was ein Ei oder ein Junges rauben oder die Fänge in die Altvögel schlagen kann.

Im Winter führen die Lemminge ein unsichtbares Leben in der Grasnarbe unter dem Schnee. Dort haben sie ihre Vorräte, angelegten Wege, Gänge und gemütlichen Nester. Den ganzen Winter über vermehren sie sich in dem relativ milden, erträglichen Klima unter der Schneedecke. Die kritische Jahreszeit kommt für sie erst mit dem Frühlingsanbruch, wenn der Schnee schmilzt und viele Bauten überflutet werden.

Im Frühling zeigt sich auch, wie überaus erfolgreich sie waren. Sie sind fett und zahlreich wie die Sterne am Himmel. Man hat nachgerechnet, daß eine einzige Schnee-Eule zwischen 600 und 1600 Lemmingen pro Jahr verzehrt, und unzählige weitere ernähren Raubmöwen, Bussarde und Füchse. Auch Kraniche, brütende Eiderenten und größere Watvögel stecken sich schon mal einen Lemming in den Schnabel, der gerade des Weges kommt. Aber es folgen immer mehr nach, bis die Population zusammenbricht und alles Lebendige auf der Tundra über Not und Mangel klagt.

1991 ist ein außerordentlich gutes Lemming- und Mäusejahr. Die drei Raubmöwenarten, die über die Tundra streifen – Schmarotzerraubmöwe, Spatelraubmöwe und Falkenraubmöwe –, wirken fast träge. Manche haben Schwierigkeiten, aufzufliegen, wenn man zu nahe kommt. Da fällt es leicht, sich die wilde Geschichte von der Expedition der *Vega* vorzustellen, die Palmén mit klinischer Sachlichkeit wiedergibt. Eine geschossene und obduzierte Spatelraubmöwe enthielt nicht weniger als drei ausgewachsene Lemminge. Der erste war teilweise verdaut, die beiden anderen lagen noch komplett, beide mit dem Kopf voran, im Magensack und in der Speiseröhre, so daß ein Hinterbein des letzten dem Vogel noch aus dem Schnabel ragte.

Sofern überhaupt möglich noch verfressener sind die Schnee-Eulen. Wie fette Leghorn-Hennen hocken sie in gerade richtigem Abstand voneinander über die Höhen verteilt auf ihren Gelegen. Sieben Paare zählen wir innerhalb eines Tagesmarschs vom Lager. Die Nester quellen von Eiern über, zehn bis zwölf pro Gelege, um sie herum liegen Haufen von Lemmingen, die das Männchen dem Weibchen verehrt hat und die es einfach noch nicht fressen konnte.

Während das Weibchen auf den Eiern hockt, herrscht einträchtiger Frieden. Das Männchen besorgt Futter für beide, und das schafft es ohne Mühe. Daher bleibt ihm viel Zeit zu sitzen. Stunde um Stunde. Tag auf Tag. Der Horst liegt auf einer Anhöhe, die jedem Wind ausgesetzt ist, aber dem Männchen gelingt es, irgendwo in der Nähe einen noch höher gelegenen Aussichtspunkt zu finden, und da hockt es, während der Wind pfeift und die Stunden vergehen. Nebel wälzt sich heran und zieht wieder ab, die Tage kommen und gehen ebenfalls, und das Männchen sitzt im Ansitz.

Als es uns sieht, oder genauer gesagt, als es uns eine Weile beim Näherkommen beobachtet hat, streicht es ab. Jetzt ist es kein Leghorn-Huhn mehr, sondern eine verdammt große, kreideweiße Möwe, die auf verblüffend langen, spitzen Flügeln davonschwebt und dabei nach Eulenart mit ihrem menschenähnlichen Gesicht zurückblickt.

Das Männchen ist makellos weiß, das Weibchen dagegen ist mit dunklen Sprenkeln dekoriert und macht einen kräftigeren Eindruck. Widerwillig hebt es ab, als wir ganz nah heran sind, und läßt sich gleich in der Nähe nieder. Das Männchen wacht von einer höher gelegenen Klippe. Wir zählen fix die Eier und die Lemminge, machen ein paar Fotos und ziehen uns zurück; das Weibchen ist sofort wieder da. Gott sei Dank! Keiner von uns weiß, wie lange das Gelege in der Kälte hier draußen überdauert.

Der Abschnitt der Eismeertundra, auf dem unser Lager steht, wird von einem Kranz niedriger Höhenrücken geschützt. Jenseits davon liegt ein höheres, trockeneres und dem Wind ausgesetzteres Stück Tundra. Der Vogelbestand ist dort deutlich geringer als in unserem brodelnden Feuchtgebiet, und der Wind ist gnadenlos. Das ist der Lieblingsplatz der Schnee-Eule, des abgehärtetsten aller Vögel. Wenn sie nur genug Beute findet, scheint sie unter allen erdenklichen Bedingungen überleben zu können.

Den Rekord dürfte eine Schnee-Eule halten, die erfolgreich den Winter auf Ellesmere Island am 82. Breitengrad überstand.

Die Stiefel voll Wasser platsche ich über die Tundra heimwärts und grübele darüber nach, was für einen Zeitbegriff wohl eine Schnee-Eule hier oben haben wird und was sie sieht, wenn sie das Eismeer jenseits der Nebelbank überblickt, weiter als das menschliche Auge reicht. Vielleicht identifiziere ich mich auch deshalb mit den Watvögeln, weil sie ungeduldig und nervös sind, genau wie ich. Die Schnee-Eule ist weder das eine noch das andere. Unergründlich ist sie wie ein alter Chinese und hat alle Zeit der Welt und mehr Lemminge als ein Mensch braucht. Laß es nur stürmen und schneien. Von Osten kommt andauernd Nachschub an Zeit.

ETWAS, ZU DEM MAN
ZURÜCKKEHREN KANN

Eine fliegende Rosenmöwe sieht etwa so aus wie eine fliegende Zigarre, so kompakt und wohlgestopft ist sie. Jetzt in der Brutsaison leuchtet der Vogel rosa wie von einer Lampe im Innern angestrahlt. Dieses Rosa ist die flüchtigste Farbe, die ich je gesehen habe: Dem bloßen Auge erscheint der Vogel wie ein Campino im Gegenlicht, doch wenn der Film entwickelt wird, ist das Rosa verschwunden und der Vogel ungefähr ebenso weißlich, wie es vereinzelt herumstreunende Exemplare zu sein pflegen.

Die Rosenmöwe steht auf der Wunschliste vieler Hobbyornithologen ganz oben. Sie ist nicht nur schön, sondern auch rätselhaft. Seit langem weiß man, daß sie im Herbst in großen Schwärmen von ihren Brutplätzen auf der Tundra Ostsibiriens über die Bering-Straße nach Point Barrow in Alaska zieht. Dort sucht sie Schutz vor Südoststürmen und fliegt dann weiter nach Nordwesten Richtung Packeis.

Sie ist also mit anderen Worten ein Vogel, der wider sämtliche Regeln im Winter nach Norden zieht. Das Mysterium wird dadurch noch größer, daß noch nie im Frühjahr der Zug in die entgegengesetzte Richtung beobachtet wurde. Eines schönen Tages im Juni sind die Möwen einfach wieder da und nehmen in ihren alten Kolonien auf der feuchten Tundra sofort das Brutgeschäft auf.

Beobachtungen in den letzten Jahren lassen immerhin vermuten, daß die Mehrzahl der Vögel nach dem Ausflug ins Packeis letztlich doch im Ochotskischen oder Japanischen Meer überwintert, wohin sie auf weniger einsehbaren Routen wandern. Im Frühling fliegen sie dann aufs Festland und nähern sich ihrem Brutgebiet von Süden, über Land. Den Beobachtungen zufolge können Jungvögel allerdings durchaus im Packeis überwintern.

Am gleichen Tag, an dem wir unser Lager bei Kolyma erreichen, läßt sich auch die erste Rosenmöwe blicken. Am zweiten Tag sind es schon ein paar mehr, draußen im feuchtesten Teil der Tundra, und wir müssen Anglerstiefel überziehen, die bis zur Hüfte reichen, um näher heranzukommen. Wir entdecken die ersten Eier in einer Mulde im Moos einer Bülte, und am dritten Tag hocken schon mehrere Möwen auf ihrem Gelege.

Wie viele andere Möwen brüten auch die Rosenmöwen in Kolonien, doch sind sie stets klein, selten mehr als fünfzig Tiere. Obwohl sie im gesamten arktischen Raum angetroffen wurden, liegt ihr einziges bekanntes Brutrevier zwischen Kolyma und Indigirka im nordöstlichen Sibirien. Eine Handvoll Paare hat ohne größeren Erfolg auf der kanadischen Tundra nahe Churchill zu brüten versucht, aber bislang muß man diesen Versuch als sporadisch ansehen und weiterhin auf die Tundra zwischen Tschokurdach und Tscherski wallfahrten, wenn man die Rosenmöwe in ihrem vollen Farbenglanz erleben will.

Bei uns in Kolyma nisten die Rosenmöwen zwischen Küstenseeschwalben. Die sind mal eben von der Antarktis herübergekommen, dem entgegengesetzten Ende der Welt. Eines schönen Tages sind sie einfach da. Ihre wohlbekannten Schreie schrillen, als wir uns den Rosenmöwen nähern. Sofort attackieren sie uns. Unter aggressivem Kreischen fliegen sie immer neue Sturzflüge gegen uns, um uns zu vertreiben. Mein persönlicher Plagegeist zittert vor Entrüstung, als er über mir steht und zetert. Ich gehe davon aus, daß die Aufregung den Rosenmöwen gilt, die nicht einen Finger rühren, um sich zu verteidigen. Ruhig segeln sie über uns und strahlen eher Neugier als Entrüstung aus. Wo sich die Rosenmöwe aufhält, sieht sie ja ihr ganzes Möwenleben über keine oder kaum Menschen.

»Alles muß man selber machen!« kreischt die Seeschwalbe vor Wut zitternd. Sie rackert sich ab, während die rosafarbene Zigarre ruhevoll ihre Kreise dreht. Schon bald lassen sich die Weibchen herab und nehmen wieder auf den Eiern Platz. Nach und nach gelingt es der Küstenseeschwalbe aber doch, uns abzudrängen. »Na also!« kann man ihren letzten, triumphierenden Schrei verstehen. Sie hat ungefähr zwanzigmal mehr Energie verbraucht als die Rosenmöwen, und doch ist sie gerade erst den gesamten Weg von der Antarktis hierher geflogen. Die Küstenseeschwalbe ist ein Phänomen, ein Perpetuum mobile, das einen Menschen sich hoffnungslos schlaff fühlen läßt. Aber die seltene und rätselhafte Rosenmöwe zieht unsere Bewunderung auf sich, obwohl sie doch eigentlich der Küstenseeschwalbe gebührte.

Im übrigen profitieren noch mehr Vögel von der lauten und aggressiven Brutkolonie. Die Plüschkopfente gehört zwar eigentlich zu den weniger erwarteten Arten hier auf der Eismeertundra in der Nähe der Seeschwalbenkolonie. Doch teils bevorzugen sie die gleiche Umgebung zum Brüten: unzugängliche, überschwemmte Tundra mit großen Polstern aus Moos und Gras. Vor allem aber gehen Möwen und Seeschwalben nesträuberischen Polarfüchsen dermaßen auf die Nerven, daß hier auch eine größere Anzahl Eidernester unbehelligt bleibt. Studien aus Alaska belegen eindeutig, daß Plüschkopfenten, die auf Tuchfühlung mit einer Möwenkolonie nisten, dies mit viel größerem Bruterfolg tun als Artgenossen im gleichen Habitat, jedoch ohne Möwen und Seeschwalben in der Nähe.

Auf den Teichen, die sich auf der Schwemmlandtundra des Kolyma-Deltas bilden, hat man drei Eiderentenarten gleichzeitig im Blickfeld: Prachteider, Plüschkopfente und Scheckente. Wenn der Prachteider die verbreitetste Eiderente an der Bering-Straße war, fällt den beiden anderen hier der Preis zu. Die Erpel der Scheckente dümpeln wie frisch bemalte Lockenten draußen auf den Seen, während die Weibchen schon zum Brüten an Land gegangen sind. Die Plüschkopferpel halten sich noch liebevoll bei ihren Partnerinnen auf; im Unterschied zu anderen Eiderarten verlassen sie die Nistplätze nicht, bevor die Küken geschlüpft sind. Die Eiablage ist in vollem Gang. Wenn die Nester genügend mit Daunen gepolstert sind, bedeutet das, das Legen ist beendet, und das Brüten kann beginnen.

Am tiefsten Teil der Feuchttundra befindet sich ein langgestreckter, flacher See. Dort sollen sich die jungen Eiderenten rund und kugelig fressen, ehe sie am Ende der Saison aufs Meer hinausfliegen. Das gilt außer für Plüschkopf- und Scheckente auch für den Prachteider, der sich ein trockeneres, höher gelegenes Brutgelände wählt als die beiden übrigen.

Während des kurzen Sommers schlagen sich die Vögel die Bäuche mit Larven und Insekten voll. Die Brutsaison fällt mit einer Massenproduktion von Mücken- und Fliegenlarven und anderen Kleinorganismen, die im Wasser leben, zusammen. Der scheinbaren Unwirtlichkeit der Gegend zum Trotz ist sie ein unfaßlich reicher Lebensraum. Der explodierende Überfluß an Nahrungsangebot ist der Grund, weshalb so viele Wat- und Wasservögel ihre Brutplätze in arktischen Regionen haben. So reich ist die Tundra, daß sie die enorm energiezehrenden Vogelzüge aufwiegt, denen sich jede Art unterwirft.

Jetzt schwimmen sie ruhig auf Seen und Teichen, die Prachteider und die Plüschkopfenten und auch die liebreizendste dieser Arten, die kleine Scheckente, die so frisch geschnitzt und bemalt aussieht, daß man jedesmal staunt, wenn sich zeigt, daß sie echt ist. Selbst wenn alle Watvögel der Tundra – der Hauptgrund, weshalb ich hier bin – ausgeblieben wären, könnte man doch vollkommen zufrieden sein, indem man nur die Wasservögel beobachtete, die aus dem Nebel des Eismeers hervorgleiten und plötzlich in der Sonne aufglänzen.

Eigentlich gibt es nur eine Gattung arktischer Vögel, von der wir viel weniger sehen, als wir erwartet hatten, und das sind die Gänse. Oben an der Bering-Straße sahen wir eine Kolonie von Ringelgänsen, in Magadan eine zurückgebliebene Zwerggans. Aber die Kaisergänse, auf die wir an der Bering-Straße gehofft hatten, zeigten sich nicht.

Jetzt spricht der Mann am Ort von Schneegänsen, die in geringer Zahl an der Eismeerküste vorkommen. Die großen Schneegänsekolonien liegen oben auf der Wrangel-Insel, und um dorthin zu gelangen, braucht man selbst im Juli noch einen atomgetriebenen Eisbrecher.

In einem breiten Strang liegt auch mitten auf dem Flußarm bei unserem Lager noch Eis, doch wenn man das Boot darüber hinwegzieht, erreicht man eine offene Fahrrinne, die uns direkt zum Eismeer führt. Zwei Aluminiumboote liegen am Ufer, doch es ist nur ein Motor vorhanden. Wir rudern mit einem der Boote bis zum Rand des Eises und steigen darauf wie auf ein festes Ufer. Dann zerren wir mit vereinten Kräften das Boot aufs Eis und schleppen es wie ein Robbenfängerboot hinüber zum offenen Wasser. Jetzt haben wir freie Fahrt zum Eismeer.

Hier oben liebt man Tempo. Für den, der hier lebt, schleppen sich die Tage am Eismeer dahin wie endlose Notjahre. Bekommt man eine Gelegenheit, jagt man los wie ein Besessener. Sprit in den Tank und pffft! Es geht so schnell, daß eventuelle Bedenken weit zurückbleiben. Ein halb versunkener Baumstamm oder eine Eisscholle, und es wäre vorbei mit uns, aber Gott schützt die Dummen und findet es offenbar selber geil, wenn's richtig abgeht.

In halsbrecherischer Schräglage fegen wir durch die Kurven. Die Eismeerkälte, die uns mit dreißig Knoten entgegenschlägt, schneidet durch Mark und Bein. Es tut dermaßen weh, daß ich regelrecht Haß auf das 19. Jahrhundert empfinde, das mit seinen

Maschinen die Natur total denaturiert hat. Ich male mir aus, wie es wäre, hier zu rudern oder zu paddeln, lautlos und geheimnisvoll wie ein Eistaucher, mit der gleichen Geschwindigkeit, mit der der Fluß fließt und das Auge wahrnimmt. So, wie es jetzt vorangeht, sehe ich nichts und weiß nichts. Ich weiß nicht, wie weit es zum Eismeer ist oder wie lange ich aushalten muß, und ich verspüre ein machtloses Aufbegehren, wie man es fühlt, wenn man der Mitsprache beraubt ist.

Der Fluß hat sich weit über die umgebende Tundra verbreitert. Hier und da heben sich Streifen von Land aus dem Wasser, und unser Steuermann drosselt die Geschwindigkeit und läuft auf einen solchen Landstreifen zu. Er setzt uns drei ab und will zurück, um die drei anderen zu holen, die noch auf dem Eis mitten im Kolyma stehen, sehr viel weiter südlich, wie uns scheint. Mit einer unbestimmten Handbewegung weist er voraus: Dorthin sollen wir weitergehen, will er damit sagen, bis er mit der nächsten Fuhre zurückkommt, dann folge die nächste Etappe.

Im gleichen Moment wirft er den Motor an. Wir bleiben zurück auf einem schmalen Streifen Land mitten in einem über die Ufer getretenen arktischen Fluß und sollen weiter nordwärts über das Wasser wandeln. Nach ein paar Schritten droht es über die Stiefelschäfte zu schwappen. Nebel wallt vom Eismeer heran, dicht und feucht. In einer Umgehungsbewegung könnten wir vielleicht die Anhöhe erreichen, die sich weit voraus abzeichnet, aber ich habe keine Lust, mich im Nebel zu verirren oder kilometerweit durch Wasser zu waten, nur um dann festzustellen, daß uns eine noch tiefere Rinne endgültig stoppt.

Obwohl es lausig kalt ist, schmilzt das Eis fortwährend, und das Wasser leckt unaufhörlich höher die Stiefelschäfte hinauf. Hier dürfen wir ausharren, bis jemand kommt und uns aus dem Wasser fischt. Ich werde so wütend, daß mir im Nu warm wird.

Vielleicht war das das Geheimnis des tibetischen Weisen, der seine eigene Wärme erzeugen konnte, wo andere erfroren.

»Wenn das mal nicht einfach nur Wut war!« denke ich glühend. Unter Protest bleiben wir auf dem Streifen, während der Nebel heranwallt und es dunkler und dunkler wird. Ein langes sibirisches Warten setzt ein. Mit dem Boot muß etwas passiert sein, es kommt überhaupt nicht wieder. Wie lange braucht es wohl, wenn man rudern muß? Sehr lange, zumal nur ein Ruder im Boot lag. Sie können nicht vielleicht einen anderen Kanal genommen haben?

Die Tundra, auf der wir stehen, ist so naß, daß hier nicht ein Vogel nistet. Kein Watvogel in Sicht. Ein Gelbschnabeleistaucher gleitet immerhin vorbei. Vollkommen lautlos durchstößt er die Oberfläche der Unterwelt und kommt in unsere herauf, die das Spiegelbild der anderen ist. Der größte Eistaucher, massig, bildschön, aber irgendwie aus einer anderen Dimension. Oder handelt es sich vielleicht eher um eine andere Zeit? Evolutionsgeschichtlich gehören die Taucher zu den ältesten Vögeln. So wie der hier sind sie schon in eine ganze Reihe von Eis- und Pluvialzeiten hinein- und hinausgeglitten.

Viel, viel später kommt das Boot. Es fährt an uns vorbei und setzt seine drei Passagiere nahe der Anhöhe ab, dann kommt es uns holen. Nach vielen Stunden, hungrig und ausgekühlt, stapfen wir endlich über die Bodenerhebungen am Ufer des Eismeers. Keine Schneegänse, nicht einmal ein Zwergschwan, der eine kurze, trügerische Hoffnung auslösen könnte. Ein kleiner Trupp Saatgänse und weiter weg ein paar Bläßgänse im Flug – das ist alles.

Und doch nicht. Von der letzten Anhöhe vor dem Eismeer sehen wir den Kolyma den letzten verbliebenen Kilometer seinem Ziel zueilen. Große Mengen von Treibholz und Stämmen liegen an den flachen Stränden aufgehäuft – merkwürdig hier, so weit draußen auf der Tundra, Bäume zu sehen. Noch weiter draußen brütet eine mächtige Nebelbank und hinter ihr scheint die Sonne auf das Eis, das unwirklich weiß glitzert.

Der aufgetaute Torfboden auf diesem äußersten Erdhügel, auf dem wir stehen, ist braun gebeizt. Das Wasser bleigrau, der Nebel weißlich grau. Ich fühle mich ebenso reduziert; hungrig und unterkühlt. Die Männer, die noch immer an Schneegänse in der nächsten Senke glauben, sind zu groß und gehen zu schnell.

Zum ersten Mal glaube ich, daß ich eine absolute Grenze erreicht habe. So öde wie hier ist kein anderer Platz auf der Erde, den ich besucht habe, die großen afrikanischen Wüsten eingeschlossen. Das hier ist wirklich der letzte Außenposten des Landmenschen und das Ende der Welt. Weiter hinaus kann man nicht kommen: Wohl dem, der etwas hat, zu dem er zurückkehren kann.

Der Monolith in Kolymskoje

1991 war, wie gesagt, auf der Tundra ein gutes Jahr für Wühlmäuse. Als wir zusammengepfercht im Hubschrauber hocken, nachdem wir unser gesamtes Gepäck wieder verstaut haben, bemerken wir, daß sich in dem Berg von Schlafsäcken etwas regt. Irgend etwas wühlt und wuselt darin, um an die Oberfläche zu kommen. Am Ende erweist es sich als eine halb ausgewachsene Eismeerwühlmaus, die obendrein noch Flugangst hat. Schreckgelähmt blickt sie sich um und taucht dann schnell wieder in die Verstecke des Berges.

Als wir mitten in der Taiga des Omolon-Flusses ausladen, finden wir sie wieder. In einer großen englischen Hand reist sie ein Stück weit in den Wald hinein und wird im Moos unter einem schützenden Gebüsch abgesetzt.

Wir werden durch unsere Barmherzigkeit allerdings kaum den Grundstock zu einer neuen jakutischen Wühlmauskreuzung legen, denn die Chancen stehen schlecht. Unsere Freundin aus der Tundra wird höchstwahrscheinlich nicht die Gelegenheit zur Paarung mit einer Taigawühlmaus erleben. Die Umgebung ist ihr völlig fremd, und es zeigt sich, daß wir sie ausgerechnet in einem Waldgebiet ausgesetzt haben, in dem Bartkäuze und Sperbereulen hausen.

So schnell verändert sich eine Landschaft: Nach unseren Tagen auf der Eismeertundra finden wir die Taiga beengend. Plötzlich hat man keinen freien Blick mehr, und es geht fast etwas Unnatürliches und Bedrohliches von der ganzen Vegetation aus, die überall sprießt und aufschießt. Vor vielleicht zwanzig Jahren hat hier ein Waldbrand gewütet, und wo man im Gelände auch langgeht, tritt man auf überwucherte verkohlte Baumstämme. Die Taiga ist völlig eben, und der abgebrannte und wieder nachgewachsene Wald und die Heideflächen erstrecken sich Meile um Meile. Verliert man die Orientierung, wo sich der Fluß befindet, ist man im hintersten Sibirien absolut verloren.

Unser Heimweh nach der Kolyma-Tundra ist ein weiterer Beweis für die Anpassungsfähigkeit des Menschen. Wir entwickeln einen rein auf Vorurteilen beruhenden Widerwillen gegen den neuen Standort. Man muß uns geradezu zwingen, die Eulenhorste aufzusuchen, und zeigt uns einen Steinadler über dem Fluß auf dem Weg zu seinem Horst in den Bergen, die so weit entfernt sind, daß wir sie über den dürren Wipfeln der Taiga nicht sehen können. Unten am Fluß sehen wir einen Terekwasserläufer und in einem Bach einen Rothalstaucher. Hat man sich durch den brandgeschädigten Wald hindurchgearbeitet, kommt man auf offenere, mit Wasser vollgesogene Moorflächen hinaus, die viel vom Vogelleben der Tundra aufweisen. Am nahen Waldrand sieht man Wald- und Zwergammern.

»Interessante Kontraste«, sagen wir höflich. »Außerordentlich lohnend. Es gibt wirklich viel Abwechslung bei den Lebensräumen auf dieser Reise.«

Aber in Wahrheit ist die Luft raus. Fast jeder von uns hat mittlerweile eine kleine Macke. Das Essen ist auf einmal wichtig, und die Männer murren über ihr Zeltdasein. Auch diesmal wohnen wir Frauen in der Küche. Das Haus ist allerdings bedeutend luxuriöser als die Baracke am Kolyma, und fast die ganze Blockhütte wird von einem großen Ofen ausgefüllt. Zur Abwechslung wohnen wir also einmal in einer regelrechten Sauna, denn Holz gibt es mehr als genug im Wald, und der gemauerte Ofen heizt erstklassig.

Das ist unser Basislager, von dem aus wir bei passablem Wetter zur Bergtundra aufsteigen wollen, wo Chancen bestehen, einen *Calidris tenuirostris* oder Riesenknutt zu sehen.

Er ist ein großer, kräftiger Watvogel, der größte der Calidris-Arten. In seinen Überwinterungsgebieten in Australien tritt er manchmal in großen Schwärmen auf, doch als Brutvogel wird er als echte Rarität betrachtet. Nur wenige Brutreviere sind überhaupt bekannt, und alle liegen sie in der unzugänglichen Gebirgstundra zwischen Kolyma und Anadyr.

Wir wollen einen Versuch wagen, und die Stimmung hebt sich endlich. Sicher sind wir alle sogenannte seriöse Vogelbeobachter, aber ich habe nie verstanden, warum man sich als solcher nicht auch einfach einmal über eine neue Art auf seiner Liste freuen darf, die nur wenige Menschen aus dem Westen je in ihrem Brutareal gesehen haben.

Der Hubschrauber kommt wie verabredet von Tscherski herüber und fliegt uns am Omolon entlang nach Norden und dann in einem weiten Bogen über die Gebirgstundra. Es gibt dort keine Bäume, aber diesmal nicht, weil wir zu weit nach Norden gekommen sind, sondern weil wir zu hoch hinaus wollen. An den Nordhängen und in den Schluchten liegt noch Schnee, doch sonst hat die Sonne schon eine Menge Arbeit geleistet. Die kahlen Geröllflanken der Südseiten sind schneefrei, Berganemonen, Hahnenfuß und andere Gewächse bilden kräftig blühende Polster in Spalten und auf tiefer gelegenen Grasflächen, wo sie wurzeln konnten.

Der Hubschrauber setzt uns auf dem Gipfelplateau eines abgeflachten Berges ab, und wir machen aus, wann er uns wieder holen soll. Dann schliddern und furchen wir durch Geröllschutt zu Tal. An Berghängen und in Tälern wollen wir nach dem Riesenknutt suchen.

Als erstes sehen wir einen Mornellregenpfeifer, und einen Moment später pfeift unser finnischer Superornithologe: Er hat den Riesenknutt schon gesichtet.

Zwei Stück sind es, offenbar ein Pärchen, das nisten will. Sie spazieren auf einem Grashang gleich unterhalb eines Schneefelds. Als Revier haben sie sich eine idyllische kleine Bergwiese ausgesucht, durch die ein paar Bäche rieseln und auf der Gras in schützenden Büscheln wächst. In der Paarungszeit leuchten ihre Farben intensiv. In Australien ist der Riesenknutt ein vornehm grauer und weißer Watvogel, hier überzieht das Muster einer dekorativen dunklen Zeichnung in wärmstem Rotbraun seinen Rücken. Über Brust und Flanken laufen kräftige dunkle Punkte.

Oh! Wir folgen unserem Zeremoniell: Fußfällige Anbetung, andächtiges Näherrutschen auf den Knien. Sie haben uns bemerkt, scheinen jedoch nicht vorzuhaben, davonzufliegen, zu unserer Enttäuschung allerdings einen beträchtlichen Abstand einzuhalten. Wir kriechen näher, sie trippeln weiter. Obwohl sie in einem der schwerzugänglichsten und menschenleersten Gebiete der Erde nisten, sind sie keine Greenhorns, die noch nie Menschen gesehen haben. Sie trauen uns nicht näher über den Weg als den Australiern. Doch wir erfreuen uns an ihnen auch auf Distanz, lange und ausgiebig. Am Ende verhalten sie sich wie alle Watvögel, verlieren die Geduld und fliegen davon.

Wenn das hier ihr Revier ist, und das ist es sicher, werden sie über kurz oder lang zurückkommen. Aber wir haben noch mehrere Stunden Zeit und stehen erst am Anfang unserer Erforschung der Gebirgstundra. Nach und nach bummeln wir in verschiedene Richtungen auseinander. Wir betrachten die Vegetation und die Aussicht, Welle auf Welle abgerundeter Berge, braun und blau, mit frischem Grasgrün in Tälern und auf Hangmatten, ganz hinten blinkt der Omolon silberblau am Horizont.

Vor allem aber stolpern wir weiterhin über Riesenknutte. Ein Paar hockt in einem kahlen Abhang zwischen Geröll und kleinen Steinen und verschmilzt bewundernswert perfekt mit seiner Umgebung. Auf kräftigen Läufen klettern sie im gleichen Takt höher wie der Mensch, der sie fotografieren will. Es ist ziemlich windig, und das Teleobjektiv schwankt bedenklich. Der Fotograf sieht einem Australier viel zu ähnlich, um zwei welterfahrene Vögel täuschen zu können. Ein weiteres Paar sehen wir auf einer

Almwiese, ebenfalls nahe an einem Schneefeld. Die Vögel nisten offenbar über große Teile der Bergregion verstreut, sonst wären wir kaum so rasch auf sie gestoßen. Sie sind also, mit anderen Worten, weniger selten als schwer erreichbar.

Auch Rentiere streifen in den Bergen umher, als Erinnerung an eine frühe Art der Nahrungsbeschaffung hier oben. Lange bevor man Rentierzucht im heutigen Sinn betrieb, war das Wildren eine wichtige Jagdbeute in der nördlichen Taiga. Gerade hier am Omolon und seinen Nebenflüssen leben die letzten Reste der Jukagiren, eines paläosibirischen Urvolks, das als direkter Nachfahre der steinzeitlichen Bevölkerung angesehen wird.

Einstmals waren sie ein großes Volk. Poetisch behaupteten sie, die Milchstraße sei der Widerschein ihrer Lagerfeuer. Ihre Wohnplätze erstreckten sich von der Lena bis Anadyr und vom Eismeer bis zum Oberlauf von Indigirka, Jana und Kolyma. Dort lebten sie in großen Winterlagern und zogen im Sommer an die Nebenflüsse und Seen in ihrem weit ausgedehnten Gebiet, um zu jagen und zu fischen. Sie haben Felszeichnungen und Geschichten hinterlassen und noch Erinnerungen an Vorstellungen und Bräuche, die bei allen Jägern und Sammlern existierten, wie zum Beispiel, daß erlegte Beute allen im Lager gehört, daß man Land nicht besitzen kann, daß alles beseelt ist und daß wir in der mittleren von drei Welten leben. Noch gegen Ende des 19. Jahrhunderts jagten sie mit Pfeil und Bogen und einem Wurfseil mit Kugeln nach Art der südamerikanischen Bola.

Mittlerweile geht man davon aus, daß der Volksstamm in Ewenken und Jakuten aufgegangen ist. Die kommunistischen Volkszähler gaben ihn 1926 mit einer Stärke von 443 Menschen an – welche Kriterien sie anlegten, weiß ich nicht. Heute schätzt man sie auf etwa 800. Kaum mehr als 200 von ihnen sprechen noch ihre Sprache. Eine Gruppe lebt in der Ortschaft Omolon, aber ich kann mir kaum vorstellen, daß sie dort jetzt untätig herumsitzen, während die Fische die Flüsse hinaufwandern und die Schneehühner schnarrend über die Hänge laufen.

Als wir zu unserem Basislager am Omolon zurückkehren, haben wir ein gutes Stück unserer Müdigkeit überwunden. Jetzt wird es allmählich Zeit, nach Tscherski zurückzufliegen. Auf dem Flug dorthin landet der Hubschrauber in der kleinen Ortschaft Kolymskoje, etwas östlich von Tscherski. Unser örtlicher Touristenführer, der uns mit dem Hubschrauber abgeholt hat, will uns das Denkmal von Tscherski zeigen, der hier am Kolyma starb und begraben liegt.

Auf gewisse Weise ist es ein Denkmal für alle, die es schafften, in der Verbannung ein sinnerfülltes Leben zu finden. Als Achtzehnjähriger nahm Tscherski am polnischen Aufstand von 1863 teil und wurde nach Sibirien deportiert, erst in harten Militärdienst, dann als Verbannter. Seine Rettung fand er in der Geologie und der Paläontologie, und es gelang ihm, unter anderen Exilierten wie unter Freien Lehrer und Förderer zu finden. Am Ende erhielt er für seine Forschungen am Baikal-See sowohl in Irkutsk als auch in St. Petersburg Anerkennung. Schon auf dem Weg heim in den verheißungsvoll lockenden Westen, unternahm er noch eine Exkursion nach Kolyma, wo er im Juni 1892 einem Lungenleiden erlag. Die Stadt Tscherski wie eine nahegelegene Bergkette und auch eine weitere nahe dem Baikal-See sind nach ihm benannt.

Es ist ein sehenswertes Monument: Ein großer, glänzender Monolith hinter einer filigranen Absperrung auf einer grasbewachsenen Fläche vor der Schule. Was mich am meisten berührt, ist der Umstand, daß der eingravierte Text komplett zweisprachig ist, Russisch auf der einen Seite, Polnisch auf der anderen. Ich stelle mir vor, wie sehr das andere polnische Verbannte auf ihrem Durchzug gefreut haben muß. Ein Großteil der Väter der modernen russischen Anthropologie zum Beispiel waren deportierte Polen. Hier draußen auf Taiga und Tundra arbeiteten Sierowski, Bogoras, Jochelson und Pilsudski unter Jukagiren, Korjaken, Jakuten, Ewenken, Tschuktschen, Ainu, Oroken, Orotschen und Giljaken, hatten ihre Einfälle auf Polnisch und schrieben sie auf Russisch nieder und stellten am Ende fest, daß sie ein Lebenswerk vollbracht hatten.

Aber ich denke auch an die spätere, unübersehbare Welle von Strafgefangenen hier in der Gegend, die aus ihren eigenen Erfahrungen heraus die Gefängnisse und Verbannungsurteile der Zarenzeit als human und liberal betrachteten. In den Lagern der Sowjets studierte niemand Geologie, Paläontologie oder Anthropologie.

Die Kolyma-Region, durch die wir uns mit so viel Freude bewegen, war vor noch nicht langer Zeit eine der schlimmsten Ekken im gesamten Gulag. Mehrere Millionen von Lagerinsassen haben hier in Minen und Holzfällerlagern Sklavenarbeit verrichtet. Niemand konnte die Toten zählen, aber die Überlebenden wissen, daß es ein grauenhaft hoher Anteil war.

Während wir in niedriger Höhe über die Landschaft fliegen, denke ich an die Zarenzeit, als die Menschen in Sibirien von »Schneeglöckchen« sprachen, wenn sie die Leichen entwichener Gefangener meinten, die bei Tauwetter im Frühling unter dem Schnee zum Vorschein kamen. Aus den Lagern Stalins zu fliehen war schwieriger. Jakuten, Tschuktschen und Eskimos wurden zur Denunziation gezwungen und dafür vom Regime belohnt. Die Leichen stapelte man gleich bei den Lagern auf.

Wo wir uns auch in Sibirien bewegt haben, sind wir über Leichen gegangen. Wie kostbar ist nicht die Bewegungsfreiheit, welches Glück, diese Zeit der Liberalisierung und der Hoffnung in Rußland miterleben zu dürfen! Vielleicht ist es nur ein kleiner Lichtstrahl und neue Unterdrückung schon im Anzug, aber man ist es denen, die hier liegen, schuldig, die Hoffnung am Leben zu erhalten und ebenso seine Freude über das, was eigentlich alltäglich und normal sein sollte. Es ist ebenso wichtig wie zu Tscherskis Zeiten, das Interesse wach zu halten.

Um Tscherskis Monolith herum sehen wir ein kleines, funktionierendes Gemeinwesen. Es gibt also eine Schule, deren Dach vielleicht repariert werden müßte. Es gibt eine Krankenstation, die vielleicht keine Ärzte mehr hat, aber immerhin noch Sprechstunde hält. Es gibt einen Versammlungssaal, der früher einmal dem Komsomol gehörte. Es gibt ein altes Kino, das jetzt Videosaal heißt. Es ist Frühling, die Sonne glänzt auf dem polierten Anleinpfosten des Jakuten hinter seinem schmucken Gartenzaun. Das Gras sprießt, das Wasser hat sich eine Rinne mitten durch die einzige Straße des Ortes gegraben. Außer Jakuten und Tschuktschen leben hier erstaunlich viele Russen, aber wir befinden uns ja auch relativ nah an Tscherski, einem arktischen Zentrum und Knotenpunkt für den Hubschrauberverkehr des Rajons.

Als der Hubschrauber abgehoben und Kurs auf Tscherski genommen hat, kommentiert jemand laut, was wir alle sehen, nämlich daß die Wohnhäuser in den abgelegeneren Teilen Jakutiens alle große Ziffern auf die Dächer gemalt haben. Der Grund dafür ist offensichtlich in einer Gegend, in der Personentransport, Notfallhilfe und Postverteilung mit Hubschraubern bewerkstelligt werden, aber trotzdem fragt mich jemand aus der Gruppe allen Ernstes, warum denn die Häuser Nummern auf den Dächern trügen.

»Wahrscheinlich für den Weihnachtsmann«, antworte ich gedankenlos. Dann merke ich, daß es purer Realismus ist, der aus meinem Mund spricht. Worauf sonst sollen die Menschen im heutigen Rußland eigentlich hoffen? Hier, in dieser vagen und gedämpften Übergangszone zwischen Taiga und Tundra, ist es ein Akt der Hoffnung, die Farbe auf den Dächern frisch zu halten. Laß ihn kommen mit seinem Rentierschlitten! Laß ihn wirklich kommen!

DIE STRASSE NACH WERCHOJANSK

Der Nachteil dabei, als erster in ein Gebiet zu kommen, besteht darin, daß man keine älteren Informationen hat, auf die man zurückgreifen kann, und deshalb Gefahr läuft, eine Niete zu ziehen. Der Vorteil ist, daß man so auch über das etwas lernen kann, was es dort nicht gibt.

Künftig wird es nach Batagai keine Vogelexpeditionen mehr geben. Dadurch habe ich ein einzigartiges Privileg genossen und eine Landschaft erleben dürfen, die so leer an Vögeln war, wie eine Landschaft im Juni überhaupt nur sein kann. Schlagartig begreift man, daß sich das Vogelleben in Sibirien nicht flächendeckend von Rand zu Rand erstreckt. Statt dessen besteht es aus Nischen begünstigter Brutgebiete mit überbordender Aktivität. Dazwischen erstrecken sich entblößte Landstriche, welche die meisten Vögel meiden. In Batagai darf ich lernen, daß man in Sibirien fünf Kilometer weit laufen kann, ohne einem Vogel zu begegnen oder auch nur einen Piep zu hören.

Nach Batagai flogen wir, weil uns ein unbestimmtes Gerücht zu Ohren gekommen war, demzufolge dort *Numenius minutus* brüten sollte, der kleinste aller Brachvögel mit einem äußerst begrenzten Verbreitungsgebiet im Becken von Werchojansk. 1991 hatte ihn noch kein Westler in seinem Brutgebiet beobachten können, sondern nur in Australien, wo er überwintert. Der Grund, weshalb wir dem Gerücht so gern folgten, lag darin, daß es einen passenden Linienflug von Tscherski nach Batagai gab und uns eine Unterbringung im Gästehaus der Aeroflot versprochen wurde.

Vielleicht übernachteten die Piloten und Stewardessen draußen in der windgepeitschten Taiga. Nach den Krankenhausbetten in Nischni-Angarsk hatten wir uns abgewöhnt, allzu eingehende Nachfragen zu stellen. Jedenfalls wurden wir mit einer Herzlichkeit in Empfang genommen, die letztlich in der Überzeugung zu wurzeln schien, wir wären irgendwo unterwegs einem folgenschweren Irrtum aufgesessen, für den wir entschädigt werden müßten. Wir bekamen Essen wie nie zuvor oder danach und wurden Objekte einer rasenden Fürsorglichkeit, deren Ursache uns so nach und nach dämmerte, als wir unseren ersten Spaziergang unternahmen.

Batagai liegt im Werchojansker Becken, der kältesten Region Sibiriens. Batagai selbst hält nicht den Kälterekord, sondern Oimjakon. Oimjakon seinerseits liegt nicht weit von Batagai entfernt, wenn man auf die Karte guckt – aber auf der anderen Seite der Erde, wenn man im Sommer dorthin will. Es gibt hier nur wenige Straßen, und die einzige Straße von Batagai führt nach Werchojansk, dessen Umgebung seit der Zarenzeit ein grausamer Verbannungsort war.

Batagai liegt ein gutes Stück südlich der Eismeertundra, von der wir kommen, doch schon bald beginnen wir an das Kolyma-Delta als einen warmen und lieblichen Ort zurückzudenken. Um Batagai dehnt sich eine dürre und notdürftig bewachsene Vorposten-Taiga: spärliche, mitgenommene Bestände windgebeugter, kümmerlicher Lärchen. Als Rahmen haben wir die Werchojansker Berge, doch in so weiter Entfernung, daß sie der Landschaft weder Maßstab noch Fixpunkte verleihen.

Blickt man auf die Karte, bekommt man leicht die Vorstellung, die Bergkette schützte Batagai vor den heftigsten Unbilden des Wetters. Tatsächlich aber scheint alle Unbill, die schlechtes Wetter mit sich führt, von den Bergen herabzufegen und in der Behelfstaiga um Batagai zu wüten. Nicht einmal an der Eismeerküste gibt es eine derartige Ausgesetztheit wie hier.

Regen wäscht von den Bergen herab, doch in den Pfützen scheint es warm genug zu sein, um Myriaden von Mücken auszubrüten. Noch in einer durch Mark und Bein schneidenden Kälte wird man hier von Mücken angefallen, die für das Klima ausgerüstet zu sein scheinen. Abnorm groß, langbeinig und mit einem unwahrscheinlichen Stachel fallen sie in Schwärmen über einen her. Hier, wird uns klar, muß man Blei in den Stiefeln haben, um nicht in den Wald verschleppt zu werden.

Die Mücken von Batagai bringen mich zum Nachdenken über die Unterschiede zwischen den Völkern. Bald merke ich, daß die Engländer viel mehr unter den Plagegeistern leiden als ich, die mit Mücken aufgewachsen ist und ebensowohl Geduld wie Widerstandskraft entwickelt hat. Die Engländer sind hingegen davon überzeugt, daß man an einem Mückenstich sterben kann; im Tiefsten ihrer Seele wissen sie, daß der Engländer mit seiner rosigen, dünnen Pfirsichhaut besonders übel dran ist. Selbst die umweltbewußtesten besprühen sich mit giftigen Wolken, reiben sich ein, jammern und sagen allen Ernstes, sie würden es nicht aushalten. Da brüste ich mich mit meinem Stoizismus – bis ich an das Kapitel nasse Füße denken muß.

Da bin ich nämlich diejenige, die ausrastet. Ich hasse nasse Füße. In dem Klima, in dem ich aufgewachsen bin, können nasse Füße den Tod bedeuten; auf der untersten, existentiellen Ebene bin ich davon überzeugt, daß Wasser in den Stiefeln mein Ende bedeuten kann. Dagegen sind die Engländer dazu erzogen, die Kapriolen des Wetters mit Gleichmut hinzunehmen. In strömendem Regen stehen sie in einem Sumpf und beobachten Vögel, Stunde um Stunde, während ich schon nach dem ersten Rinnsal in die Stiefel zu maulen beginne. Ich sage, wir müßten etwas Trockenes überziehen, ehe wir uns alle etwas holen, es wäre unverantwortlich, hier herumzustehen und bis auf die Knochen naß zu werden. Ich meutere und jammere so, daß sie sich ein Stück absetzen; ihre stoischen Profile wecken richtiggehend Haß in mir.

Dank der Mücken setzt sich bald die einhellige Meinung durch, auf den Tieflandwiesen um Batagai existiere kein nennenswertes Vogelleben – dem beispiellosen Nahrungsangebot an Insekten zum Trotz. Mit einem kollektiven Seufzer der Erleichterung fliehen wir in die niedrigen Berge, jedenfalls über Mückenniveau.

Dort bilden die kümmernden Lärchen einen licht stehenden Wald, in dem man relativ leicht vorankommt. Es regnet immer noch leise vor sich hin, wie schon seit geraumer Zeit. Wenn es hier Vögel geben sollte, müssen sie allmählich zur Nahrungssuche herauskommen.

Wenn es welche geben sollte. Zuerst argumentieren wir noch neunmalklug, die Bedingungen hier seien so hart, daß jeder Vogel ein ausgedehntes Revier brauche, um zu überleben. Nach einem weiteren Kilometer stellen wir ebenso altklug fest, es sei eigentlich völlig klar: Habe man den gesamten Nordosten Sibiriens zur Auswahl, dann konzentrierten sich die Brutlokale natürlich auf einige besonders bevorzugte Gebiete.

Im gleichen Augenblick fliegt ein Merlin über uns hinweg, und einen halben Kilometer weiter nistet ein Turmfalkenpärchen offenbar erfolgreich in der Höhle einer windzerzausten Kiefer. Von allen möglichen Plätzen, die ihnen auf der nördlichen Halbkugel zur Verfügung stehen, wählen sie diesen, den eine Gang von Topornithologen gerade erst für unbrauchbar erklärt hat.

Schweigend traben wir weiter. Nach zwei Kilometern passiert wieder etwas. Diesmal sind es Seidenschwänze, die ersten, die wir in Nordostsibirien antreffen. Auch sie brüten in diesem windgebeutelten Kiefernwald. In der unansehnlich grauen Landschaft extrem auffällig in Zeichnung und Verhalten; keine ausgestoßenen, verbannten Exemplare. Sie können woanders hinfliegen. Aber sie sind hier.

In dem wachsenden Mysterium wandern wir einige Kilometer weiter, bis sich ein paar Tannenhäher offenbaren. Ein notorischer Zug- und Strichvogel, den man überall antreffen kann, außerdem sind wir mittlerweile in dichter bewachsenem Gelände mit Gräsern und üppigerer Vegetation angekommen. Wir hören auch andere arktische Singvögel, vor allem den Gelbbrauenlaubsänger, den sibirischen Sänger vor allen anderen. Doch als wir die ökologische Nische wieder verlassen, wird es erneut still: Wir laufen und laufen und verzeichnen die geringste Vogeldichte, auf die wir mit unserer gesammelten Erfahrung der nördlichen Hemisphäre je gestoßen sind.

Und das Fehlen der Vögel ist es, was die Landschaft so trostlos macht. So wird die Welt aussehen, wenn wir alles Lebendige ausgerottet und vertrieben haben werden. Hier haben es die örtlichen Verhältnisse getan, aber es bleibt trotzdem eine Mahnung, daß die Zahl nutzbarer Habitats begrenzt ist, selbst unter natürlichen Bedingungen, und daß es leicht ist, ganze Arten auszurotten, indem man die Brutbiotope okkupiert, die sie bevorzugen.

Der Weg führt uns jetzt durch ein so dürres und trostloses Waldstück, daß der Regen nur folgerichtig zunimmt. Die Menschen, die hier unterwegs sind, brauchen wirklich alle Hilfe, die sie kriegen können. Das sehen wir ein, als wir zu einem kleinen Baum am Wegesrand kommen, der wie ein entnadelter Weihnachtsbaum aussieht, tatsächlich aber einen Opferbaum darstellt. Er biegt sich unter verblichenen Bändern und Tüchern, Spiegelscherben, Münzen, Geldscheinen, Zigarettenschachteln und dergleichen. Zu seinen Füßen liegt ein Haufen Wodkaflaschen. Alle leer. Die Götter haben einen mächtigen Durst.

Ich lege eine Münze aus harter Währung zu den Kopeken in einem Stoffbündel neben dem Stamm. Dann bete ich für alle Wegfahrenden. In prächtig geschmückten Tempeln und Kirchen in reichen Landstrichen ist das nicht so nötig wie hier. Hier gibt es nicht viel, auf das man hoffen könnte, und niemanden außer uns, die wir zu unserem Vergnügen unterwegs sind.

Am nächsten Tag wollen wir einen letzten Versuch unternehmen, unseren mystischen *Numenius minutus* aufzustöbern. Wir haben schweres Rodungsgerät auf Ketten zu Verfügung gestellt bekommen, einen umgebauten Panzer in Tarnanstrich. Das Problem ist nur, daß er uns nicht allen Platz bietet. Da sich schon wieder Nebel die Berghänge herabwälzt und es noch immer regnet, treten vier von uns freiwillig zurück, ich sogar mit einer gewissen Freude. Ich habe nämlich gehört, daß in Werchojansk heute ein Volksfest stattfinden soll. Wir Zurückbleibenden haben den ganzen Tag über den Bus zu unserer Verfügung, und ich hoffe, auf dem Fest Ewenen zu treffen, die ursprünglichen Bewohner des Werchojansker Beckens.

Sobald wir aus Batagai heraus sind – und das geht im Handumdrehen –, biegen wir auf einen kleinen Waldweg. Lange glauben wir, es sei eine Nebenstraße, die irgendwann in die Hauptstraße einmünden werde, und sind mit der gewählten Strecke ganz zufrieden. Sie führt an kleinen Weihern vorüber, wo wir hoffnungsvoll anhalten, um nach Vögeln Ausschau zu halten, an einem flachen Höhenzug mit Ausblick über vorzügliches Weideland, ohne daß wir allerdings Vieh sähen, und von einem Waldstück ins nächste. Recht interessant und lohnend soweit, wenn nur der Regen nicht die Lehmschicht über dem Dauerfrostboden aufgeweicht hätte. Die Chancen stehen nicht schlecht, sich darin festzufahren, doch der Busfahrer fährt ohne Zögern weiter. Er scheint den Weg vor uns als Herausforderung zu begreifen, und bisher haben wir sämtliche Morastgräben mit Bravour gemeistert.

Es sieht aber nicht so aus, als würde die Straße besser. Im Gegenteil sieht es so aus, als würde sie nur immer schlechter. Wir vier haben alle noch lebhafteste Erinnerungen daran, wie wir in den verschiedensten Schlaglöchern dieser Welt steckengeblieben sind. Wir gehen mit der Karte in der Hand nach vorn zum Fahrer und möchten von ihm gezeigt bekommen, welche Strecke er fährt. So taktvoll wie möglich möchten wir aus ihm herausbekommen, wie weit es noch bis zur Hauptstraße ist, damit wir beschließen können, ob wir ihn bitten wollen, lieber umzukehren, oder nicht.

Der Fahrer legt den Finger auf die Straße von Batagai nach Werchojansk. Zuerst glauben wir, diese Lehmrutschbahn, auf der wir unterwegs sind, sei nicht in der Karte verzeichnet, laufe aber parallel zur Hauptstrecke, die der Fahrer aus irgendeinem Grund meiden wolle. Dann tauchen Gedenksteine am Wegesrand auf, mit Inschriften und oft mit einem Lenkrad geschmückt. Sie erinnern an Fernfahrer, die hier auf dieser Straße in Ausübung ihres Berufs ihr Leben verloren haben.

Da wird uns endlich klar, daß wir uns auf der Hauptstraße nach Werchojansk befinden. Es regnet furchtbar, es schüttet aus Eimern und Kannen, unaufhörlich und unheildrohend. Und wir schlittern und rutschen auf dem Lehm dahin, der immer tiefer und nasser wird. Schon mehrfach drohten wir steckenzubleiben, doch jedesmal konnte der Fahrer zurücksetzen und einen neuen Anlauf nehmen. Er rackert sich wirklich ab, und wir fragen uns, warum er nicht endlich aufgibt und sagt, es sei unmöglich. Es ist nur eine Frage der Zeit, bis wir …

Im gleichen Moment springen wir auf und rufen STOP! Vor uns liegt ein grundloser Morast, tiefe Furchen von einem früheren Transport, der sich hier festgefahren hat, breite Gräben mit flüssigem Modder. Die Räder haben schon angefangen, sich einzugraben, und der Fahrer wagt es nicht, anzuhalten. Statt dessen tritt er voll aufs Gaspedal und fährt mittenmang in die Suppe. Und schon sitzen wir mitten drin im Schlamassel. Jeder Versuch, uns herauszumanövrieren, endet damit, daß wir uns nur noch tiefer hineinwühlen.

Unterwegs ist uns nicht ein einziges Fahrzeug begegnet, eben auch ein Grund, weshalb wir glaubten, auf einer Nebenstraße zu sein. Allmählich schwant uns, daß die Straße aus Richtung Werchojansk womöglich seit dem Morgen gesperrt ist. Bleibt also nichts, als in den Wald zu staksen und umgestürzte Bäume, Äste und Zweige herbeizuschleppen, die wir in den Morast unter den Reifen versenken. Nach einer großen Kraftanstrengung kann unser Fahrer den Bus tatsächlich aus dem Loch rucken, aber es gibt keine Möglichkeit, weiter vor oder zurück zu kommen, und all unsere Bemühungen enden damit, daß wir eine halbe Minute später ebenso hoffnungslos feststecken wie vorher.

Zwanzig Kilometer sind es bis Werchojansk, fünfundzwanzig nach Batagai. Also machen wir uns, um Hilfe zu holen, auf einen zünftigen Spaziergang nach Werchojansk, auch wenn das Volksfest wahrscheinlich abgesagt wurde. Weit sind wir auf unserem langen Marsch noch nicht gekommen, als sich ein sibirisches Wunder ereignet. Gerade im rechten Augenblick, genau wie in einem sowjetrussischen Film, unter dräuenden Wolken, wenn alles schon verloren ist, rollt am Horizont die Armee heran. Mit Donner und Getöse, von einer Abgaswolke gefolgt, die eine ganze Kompanie hätte umbringen können, pflügt ein gigantischer zehnrädriger Armeelaster heran, die Lehmbrühe zu beiden Seiten in Fontänen aufspritzend wie Engelsflügel.

Barmherzig halten sie an und wollen kaum unsere Geschichte hören, geschweige denn die ihre erzählen. Wir ahnen, daß der Transport zu privaten Zwecken unterwegs ist, weil alles so schnell und effektiv geht. Ruckzuck haben sie eine Kette angebracht, und ehe wir es schaffen, eine Kamera auszupacken, ist der Bus schon aus dem Dreck gezogen und steht mit der Nase Richtung Batagai auf dem Trockenen. Sie montieren die Kette ab und fahren davon, bevor wir ihnen danken und eine Belohnung anbieten können.

So sehen also sibirische Engel aus: versteinerte, junge und taffe Gesichter mit Stahlgebissen und Papyrossi, in den senffarbenen Uniformen der Armee, stark wie Stiere, schweigsam, auf zehn Rädern.

Wir fahren zurück ins Gästeheim der Aeroflot und sind es zufrieden, uns den Schlamm abwaschen zu können, bevor die Panzertruppe nach Hause kommt und mit uns um das warme Wasser konkurriert. Wir freuen uns darauf, ihnen unsere Geschichte zu erzählen, aber sie bleiben lange aus. Schließlich gehen wir nach unten und essen unter dem Vorwand, daß sie ja auch keine Freude davon hätten, wenn wir hungerten.

Es ist schon dunkel, und wir begreifen, daß sie sich verlaufen haben müssen. Der Nebel da draußen ist dicht wie eine Wand, und es wird unmöglich sein, einen Rettungshubschrauber loszuschicken, ehe er sich hebt. Das wird frühestens morgen früh eintreten, und wir fragen uns, wie sie die Nacht in den Bergen überstehen sollen. Nachts wird es eisekalt, und wahrscheinlich sind sie naß und verschwitzt.

Als wir schon fast ein paar von ihnen für tot erklären wollen, treffen sie endlich ein. Völlig ausgepowert stieren sie vor sich hin, Menschen, die kaum glauben können, daß sie unter ein festes Dach gekommen sind und das Essen auf sie wartet. Unser eigenes Abenteuer schrumpft im Verhältnis zu ihrem auf ein kleines Mißgeschick zusammen. Sie dagegen sind tatsächlich im Nebel auf den Bergen in die Irre gelaufen und mußten danach Stunde um Stunde in jede Schlucht hinab und wieder hinaufsteigen, um sich warmzuhalten und endlich die richtige wiederzufinden, die zu dem Weg mit dem wartenden Panzer zurückführte.

Überflüssig zu erwähnen, daß sie keinen Zwergbrachvogel sahen. So werden Batagai und die Straße nach Werchojansk zu teuer erkauften, kostbaren Einsichten über das, was es nicht gibt: ein flächendeckendes Vogelleben, Straßenverbindungen, Leute, die mal eben in die nächste Stadt fahren, wenn dort ein Fest stattfindet. Die Urbevölkerung war hier beweglicher als wir auf unseren schlecht angepaßten Reifen und mit unserer Vorliebe, im Sommer zu reisen, obwohl der Winter die Jahreszeit ist, in der man in Sibirien mit dem Hundeschlitten oder einem vorgespannten Rentier leicht vorankommt.

Die Münze am Opferbaum war eine gute Investition, der Weg lehrreich. Gemeinsam bilden sie ein sibirisches Gleichnis, an dem ich noch heute zu knabbern habe.

TODESFALLE AM BIKIN

Der Jäger bläst etwas Schmutz von den Zuckerstückchen in der offenen Schachtel und kippt grusinischen Tee in das kochende Sumpfwasser auf dem Lagerfeuer. Er schüttelt die toten Insekten aus dem Boden der Emailbecher und gießt ein.

»Trink!« sagt er.

Wir können einen stärkenden Schluck brauchen, denn nur um Haaresbreite ist gerade jemand aus der Gruppe der Todesfalle hinter uns entronnen.

Wir sind fast zwanzig Kilometer durch die Urwälder am Oberlauf des Bikin gewandert und nähern uns einer im Wald versteckten Jagdhütte, wo uns der Jäger einen Tee versprochen hat. Er reicht mir den Pullover, den er getragen hat, und entsichert sein Gewehr. Vorsichtig pirschen wir uns an die kleine Blockhütte. Mit dem Büchsenlauf an der Spitze nähern wir uns der offenstehenden Tür: Nicht ein Laut. Der Jäger späht hinein: Kein Bär. Er setzt das Gewehr ab und steigt geschmeidig über die Schwelle.

Unser langer Engländer folgt ihm und hat schon einen Fuß über der Schwelle, als der Jäger ihn zurückstößt. Das halbierte Holzscheit, das als Schwellstock dient, löst eine wohlkalkulierte Kettenreaktion aus. Tritt man darauf, betätigt man einen Mechanismus, der einen massiven Balken über der Tür herabfallen und dem Eindringling den Schädel einschlagen läßt.

Der Jäger selbst hat die Planke nicht berührt und lacht herzhaft über den Engländer, der um Haaresbreite einer der interessanteren Todesanzeigen in der *Times* entgangen ist. Er wirft einen verwesenden Rehschädel zur Tür hinaus, der als Köder diente, und greift nach Teekessel und Bechern. Während er zum Wasserholen ans Sumpfloch geht, sehen wir uns mißtrauisch um. Es gibt in der Nähe einen kleinen Holzstapel, eine Grube, die suspekt aussieht, sowie geschlagene Bäume, die so über Stümpfen liegen, daß man besser nicht zu nah herangeht. Die ganze Umgebung ist eine Todesfalle, und man muß aufpassen, wo man hintritt.

Ich habe viel über traditionelle Jagd- und Fangmethoden in Sibirien gelesen, aber nie von einer Hütte, die zu einer Bärenfalle umfunktioniert wurde.

Ich bin so begeistert, daß unser Engländer richtig beleidigt wird. *So* komisch war es nun auch wieder nicht, oder? Es läßt sich schwer erklären, daß einen etwas mit Enthusiasmus erfüllt, was eher Entsetzen einjagen sollte. Aber es läßt sich auch nicht abstreiten, daß menschlicher Erfindungsreichtum etwas Inspirierendes hat. Wenige Dinge schätze ich so sehr wie eine praktisch veranlagte Hand, und deshalb stehe ich jetzt hier und bin von einer Bärenfalle hellauf entzückt, die in der Literatur nicht vorkam. Ein cleveres Volk, die Udehe.

Es war höchst lehrreich, mit ihnen unterwegs zu sein. Der Jäger schreitet leicht wie eine Feder durch den Wald. Er folgt Wildpfaden, Höhen und Senken und bewegt sich leichtfüßig wie ein Geisterhauch. Wir fünf Ausländer folgen ihm in seiner Spur, und der Wald macht uns bereitwillig Platz. Bewegen wir uns hingegen auf eigene Faust, klingt es wie der Vormarsch eines Regiments. Es knallt wie von Schüssen, wenn wir auf Äste und Zweige treten, und es knackt und quietscht, wo wir uns durch dichtes Unterholz zwängen. Nur wenn man den Wald kennt und weiß, wie man darin gehen muß, kann man den Lärm vermeiden und bekommt die Gelegenheit, etwas zu hören und sich umzusehen.

Der Wald ist voller Bärenfährten. Losung, Abdrücke, Krallenspuren an Baumstämmen, ein aufgebrochener Ameisenhügel, verlassene Schlafhöhlen. Als wir eine finden, die der Jäger noch nicht kennt, freut er sich. Mit seinem großen Messer bringt er an einem Baum in der Nähe deutliche Markierungen an. Im nächsten Winter wird die Geschichte dieses Bären zu Ende sein. Ich krieche in einen solchen Bau hinein, in dem es erstaunlich trocken, angenehm und gut durchlüftet ist. Doch, hier drinnen könnte auch ein Mensch einen heftigeren Schneesturm überleben.

Was aber, wenn Meister Petz zuhause ist? Na, in dem Fall hat er gelernt, vor dem Menschen auf der Hut zu sein. In den hiesigen Wäldern wird offenbar viel gejagt. Selbst jetzt im Frühjahr, wo eigentlich Schonzeit ist, sieht man unbenutzte Schlingen für Zobel, Waldvögel und den Moschushirsch sowie das eine oder andere rostige und nicht in Gebrauch befindliche Fangeisen, dessen Zähne stark genug wären, auch einen Bären festzuhalten.

Eine Gruppe Udehe hat hier oben ein Jagdlager errichtet. Die Udehe sind die Urbevölkerung am Bikin und seinen Nebenflüssen beiderseits der Sichote-Alin-Bergkette. Auch nach der Revolution blieben viele von ihnen Jäger, häufig als Mitglieder eines Jagdkollektivs. Das unsere wurde zu einem Privatunternehmen umfirmiert und hat sich anheuern lassen, für knapp eine Woche unsere Führer im Bikin-Gebiet zu stellen. Ihre Dörfer liegen drei Tagesreisen weiter südlich. Drei Tage lang haben sie sich an Stromschnellen und Sandbänken vorbei, je zwei Mann in einem flachbödigen Flußboot mit einem unzuverlässigen Außenborder, den Fluß hinaufgearbeitet, um ihr Sommerlager hier oben im Urwald zu erreichen.

Bärenstark, kerngesund und munter wirken sie. Haben eigene Verpflegung dabei, gutes und kräftiges gekochtes Elchfleisch. Dazu trinken sie beachtliche Mengen Tee. Ich wüßte gern, worüber sie sich unterhalten, wenn sie so friedvoll vor ihren Unterständen am Lagerfeuer sitzen und leise auf Udehe miteinander reden. Waldmenschen schreien nicht; wenn Gefahr besteht, feuern sie scharfe Schüsse ab. Für den, der den Code versteht, hat das Gewehr eine Sprache. Als wir nach einem 25 Kilometer langen Spaziergang den Fluß erreichen, haben wir zum Lager noch ein paar Kilometer in unwegsamem Gelände vor uns. Da richtet unser Jäger den Lauf seiner Flinte nach oben und gibt drei kurze, scharfe Schüsse ab. Wenig später kommt eines der Boote den Fluß hinauf, um uns abzuholen.

Vieles im Leben der Jagdgemeinschaft kommt mir gut durchdacht, praktisch und bewundernswert vor. Wenn sie auf dem Fluß reisen, halten sie eine bestimmte Rangordnung ein, und immer sitzen die beiden gleichen Männer im selben Boot. Der Jüngste in der Gruppe ist vielleicht achtzehn Jahre alt und lernt gerade den Fluß kennen. Deshalb sitzt er beim erfahrensten Mann im vordersten Boot. Im Lager sitzt er ein wenig abseits und spricht nicht viel. Doch er ist aufmerksam, und dazu hat er auch allen Grund. Wenn ich vom Bikin spreche, verwende ich den Namen als Ausdruck für das gesamte System, das aus dem Fluß selbst ebenso wie aus seinen vielen Nebenflüssen, Zuflüssen und Staugewässern gebildet wird. Unser Arm des Bikin heißt eigentlich Zewa, und von ihr zweigen weitere Nebenarme ab.

Der Bikin selbst ist ein Nebenfluß des großen Ussuri, der seinen Namen dem ganzen Land im hintersten Winkel des Fernen Ostens geliehen hat. So weit im Süden ist man weit weg vom Dauerfrostboden, und die Monsunwinde beherrschen das Klima. Die Vegetation ist an manchen Stellen überaus üppig, und die Tierwelt weist viele südländische Züge auf. Irgendwo in Ussuriland streift noch der mächtige sibirische Tiger auf weichen Tatzen durch die Wälder. Ganz unten im Süden gibt es außer dem gewöhnlichen Braunbären auch Kragenbären. Der Sikahirsch ist weit verbreitet, aber nach den Haufen mit glänzenden Kügelchen zu urteilen, ist der kleine Moschushirsch noch häufiger.

Wieder einmal muß ich »noch« sagen, wenn ich von der Natur Sibiriens erzähle. In Gegenden, in denen nichts abgebaut wurde, konnte sich der Naturschutz unter der Sowjetregierung recht gut entwickeln. Der Tiger, der sich noch zu Anfang des 20. Jahrhunderts sogar in die Großstädte Wladiwostok und Chabarowsk verirrte, nahm an Zahl ab, war aber nicht vom Aussterben bedroht. Heute dagegen besteht auf dem freien Markt große Nachfrage nach Tigerfellen, und die Wilderei ist dabei, die größte aller lebenden Tigerrassen auszurotten.

Was die Wilderer nicht bewältigen, erledigt die Abholzung der Wälder in großem Stil. Mir lag besonders daran, nach Ussuriland zu kommen, weil die reichen Wälder dieser Region als erste dran sind, sobald südkoreanische und japanische Interessenten in Sibirien einfallen. Die Südkoreaner sind schon voll in Gang, die Japaner stehen in den Startlöchern. Ussurien verfügt über immense Holzressourcen und liegt rein geographisch betrachtet leider unverschämt günstig.

Man muß nur die riesigen Holzstapel in den Siedlungen und Städten betrachten, um zu begreifen, wie unbegrenzt der Nachschub hier ist. Selbst im Frühjahr, wenn der Wintervorrat so gut wie aufgebraucht sein sollte, türmen sich gewaltige Brennholzstapel in allen Hinterhöfen. Schöneres Brennholz habe ich nie gesehen. Was für ein Vergnügen muß es sein, derart astlose Stämme zu sägen und zu spalten! Und welche Verschwendung! Das erkennt man, wenn man auf eine der Abholzungsflächen am Waldrand kommt und sieht, daß nur das Beste genommen und der Rest achtlos liegengelassen wurde.

Die Verarbeitung zu Kaminholz macht aber nur einen Bruchteil des Einschlags aus. Auf den Nebenstrecken, die zur Hauptstraße zwischen Chabarowsk und Wladiwostok führen, rauscht ein gleichmäßiger Strom von Holzlastern mit langen Aufliegern, und an den Bahnübergängen wartet man lange, während Waggon um Waggon mit gigantischen Stämmen langsam vorüberrollt.

Weitere Studien lassen sich aus der Luft anstellen. Wir haben einen Helikopter gechartert, der uns von Chabarowsk über die Berge von Sichote-Alin zum Bikin fliegen soll. Das ist in etwa die Entfernung, die ein Hubschrauber in einem Stück zurücklegen kann. Mit uns an Bord führen wir einen Zusatztank für den Rückflug. Die höchsten Gipfel sind schneebedeckt und ihre Flanken kahl, doch in tieferen Lagen überzieht die Taiga auch die Berge und breitet sich über Plateaus und Täler.

Es liegt nahe, sich über die Grenzenlosigkeit der Wildnis auszulassen, die da unter den Wolken liegt, doch de facto erkennt man fast den ganzen Flug über Spuren beginnender Entwaldung. Am deutlichsten sind sie in der Nähe von Chabarowsk, aber auch weit draußen in der Taiga winden sich mühevolle Reifenspuren zu den Abholzplätzen. Man braucht kein Visionär zu sein, um vor sich zu sehen, wie die Fahrspuren allmählich zu Forststraßen werden und sich die Kahlschläge ausbreiten.

Unten am Boden wirkt der Wald unendlich. An der Zewa ist er nie geschlagen worden. Manchmal hallt der uralte Wald von altersschwachen Bäumen wider, die mit einem Krachen umstürzen. Überall geht man auf einer Unterlage aus verrottenden Bäumen. Es ist ein Wildgebiet, das relativ intensiv bejagt wird, davon legen all die Schlingen und die Ortskenntnis der Udehe beredtes Zeugnis ab.

Die autochthone Bevölkerung Ussuriens war nie sonderlich zahlreich. Ihre Jagdmethoden erschöpften selten den Wildbestand in ihrer Umgebung. Auch die heutige Bedrohung kommt nicht von den Jägern, sondern von einer umfassenderen Ausbeutung, die ihren Ursprung in den dicht bevölkerten Industriestädten hat.

Die Udehe gehören zu den kleineren Völkern. Offiziell wird

ihre Stärke mit nur rund 1500 Köpfen angegeben, auch wenn eine großzügigere Auslegung die Zahl wahrscheinlich erhöhen würde. Früher lebten sie zu beiden Seiten des Sichote Alin; heute ist ihr Hauptgebiet auf einige Nebenflüsse des Bikin begrenzt. Aber sie sind noch zahlreich genug, um eine eigene Sprache und ein Gemeinschaftsleben zu erhalten. Es liegt keine Untergangsstimmung über den Männern, die sich souverän über die felsigen Stromschnellen im Fluß hinwegbewegen.

Wie muß sich eigentlich ein kleines Volk verhalten, um von der Bevölkerungsmehrheit akzeptiert zu werden? Das frage ich mich, als ich weiter südlich am Imanfluß eine nette und intelligente Englischlehrerin kennenlerne. Wir unterhalten uns über alles mögliche, am Ende auch über ihre Schule. Ich frage, ob sie auch Schüler aus den in der Region lebenden Minderheiten habe.

Sie verneint. In ihrer Schule, erklärt sie, seien alle gleich. Ich beeile mich, ihr zu versichern, daß ich das glaube, füge dann aber hinzu, ich gehörte selbst einer Minderheit an und wäre deshalb interessiert zu erfahren, wie man die unterschiedlichen kulturellen und sprachlichen Anforderungen der Urbevölkerung im Unterricht berücksichtige.

Ich gehe davon aus, daß wir alle irgendwo unsere blinden Flecke haben, bei denen wir weniger weitsichtig sind als andere. Auch die Englischlehrerin, die mir sympathisch ist, scheint meine Ansichten in dieser Frage zu ahnen, und bemüht sich, aufrichtig und objektiv zu antworten.

»Es herrschen schwere Zeiten in Rußland«, sagt sie. »Wir haben Probleme. Große Probleme. Es wird viele Jahre dauern. Wir wissen nicht, wie wir zurechtkommen sollen. Anständigen Leuten mangelt es an vielem. Deshalb ist es nicht richtig, wenn manche, zum Beispiel die Udehe, Privilegien erhalten, die andere nicht haben. Anständige Leute müssen allein zusehen, wie sie zurechtkommen, während sie alles zugeteilt bekommen, alles, worauf sie nur mit dem Finger zeigen. So ist es immer gewesen. Es ist nicht gerecht.«

Ich denke an die Büchsen mit grusinischem Tee, an die Kannen, die die Jäger leerten. Ich sehe die prächtigen weißen Zuckerstücke vor mir. Ja, ich verstehe, daß man das als überzogene Privilegien ansehen kann. In der Sowjetzeit wurden den Jägervölkern im Austausch für die Pelze, die sie heranschafften, Lebensmittel ausgeteilt, und es ist deutlich, daß die Russen in der Umgebung das schwer akzeptieren können. Jetzt antworte ich ausweichend und beklommen, nicht zuletzt, weil ich den Eindruck habe, daß sich die Urvölker in der losgelassenen freien Marktwirtschaft nur schwer behaupten werden.

Die Jäger am Bikin waren kräftig, wohlgenährt und fähig. Ich erinnere mich an ihre breiten, freundlichen Gesichter. Sprache und Kultur sind zäher, als man gemeinhin denkt. Das Jagdkollektiv, mit dem ich in Berührung kam, paßte sich bereits der Marktwirtschaft an. Ich glaube, sie begrüßten uns mit echt empfundener Freude, wir waren die ersten Touristen, denen hoffentlich mehr folgen würden, Ornithologen, Botaniker, Insektenforscher, Freizeitjäger.

Trotz der Kahlschläge gibt es noch riesige Waldflächen in der Region. Es ist nur eine Frage der Zeit, ehe man dringend benötigte Devisen einnehmen wird – von westlichen Großwildjägern, die gegen Lizenz Bären, Wölfe, Elche und Hirsche abschießen dürfen. Mit diesem Kapitalzufluß aus dem Westen unter der Weste können die einheimischen Jäger damit fortfahren, Zobeln und Vögeln mit der Schlinge nachzustellen. Sie können weiterhin Ginsengwurzeln sammeln und Moschustiere fangen, die sie an die Chinesen jenseits der Grenze verkaufen können.

Es gibt keinen wirklichen Grund, den Untergang der Jägerkulturen vorherzusagen. Und trotzdem sieht er irgendwie wie ein

Symbol der kommenden Entwicklung aus, der stillstehende Bär auf der kahlen Bergkuppe in den Sichote-Alin-Bergen.

Es ist ein großer Bär, massig und unbewegt wie ein Felsblock. Wir sind mit dem Hubschrauber auf dem Berg gegenüber gelandet. Er hat das laute Schmattern gehört, kann es aber nicht lokalisieren. Auf dem kahlen Berg kann er nirgends entkommen, sondern nur möglichst unbewegt verharren. Wir sind zu weit entfernt, als daß er unsere Witterung bekommen könnte, und was er eventuell von dem orangeroten Aeroflot-Hubschrauber erkennt, sagt ihm nichts. Indiskret begaffen wir mit unseren Gläsern sein unentschlossenes Zögern. In einer Umgebung, die ihm keinen Schutz gewährt, steht er dort völlig preisgegeben da. Früher war er hier oben außerhalb der Reichweite von Jägern und Fallen. Jetzt nicht mehr. Wir haben ihn auf dem Korn, jetzt nehmen wir seine Seele.

WOHLSTAND IN GAIVORON

Im Dorf Gaivoron ist man mit dem Melken fertig, hat die Schweine gefüttert und die Hühner rausgelassen, die Essensvorbereitungen sind in vollem Gang, als wir in unserem Bus von Spassk durch die Felder geschaukelt kommen.

In Rußland zu reisen ist wie die Fahrt in einer Zeitmaschine. Wir haben die zerfallende Industriegesellschaft verlassen und sind in einer Nische des Friedens vor Ausbruch des Zweiten Weltkriegs angekommen. In diesem Dorf besorgen noch Pferde das Transportwesen. Über die Dorfstraße spazieren Kühe, Kälber und Gänse. Jeder Haushalt besitzt eine Kuh, ein Schwein und ein paar Hühner. Zwischen Stall und Wohnhaus liegt ein gut bestellter Küchengarten. Das Außenklo steht Wand an Wand mit dem Schweinestall, und am Bretterzaun türmt sich ein beachtlicher Holzstapel. Jetzt, zum Sommer hin haben die Hausfrauen die Sommerküchen hergerichtet, und die Häuser stehen proper da wie zur Parade. Wasser bekommt man von der Pumpe an der Straße, die auch ein Versammlungsplatz ist.

Dann kommt der Bus. Klein und mit langer Schnauze wie am Anfang aller Busse. Er stoppt an der Haltestelle auf der Grünen Straße, wo ich wohnen werde. In allen Fenstern ist Bewegung; man muß doch sehen, wer da aus Spassk kommt. An der Haltestelle steht eine willkommenheißende Bank unter einer üppigen Kastanie. Bald wird es aus der Gemeinschaftssauna rauchen. Dort kann man sich auf langen Bänken säubern, die wie Schulbänke angeordnet sind, und im dampfenden Dunkel Neuigkeiten und Vertrauliches austauschen. Es gibt im Dorf auch einen Krämerladen, einen Briefkasten und ein kleines Denkmal für die Gefallenen.

Auf dem Bahnhof in Chabarowsk war aus Freitagabend allmählich Samstagnacht geworden, während wir auf den Zug nach Spassk warteten. Es gab Streit und Schlägereien Betrunkener, die Einrichtung in den großen Wartesälen erinnerte an Bombay: Menschen, die nirgendwohin gehörten, hatten dort ihr Lager aufgeschlagen. Ihr Zug war abgefahren. In dieser Übergangsperiode zwischen zwei Systemen wird deutlich, wie fadenscheinig das Netz der sozialen Sicherung ist, dünn und voller klaffender Löcher.

In Gaivoron denke ich über Begriffe wie Zivilisation und materiellen Wohlstand nach. Echter Wohlstand läßt den Menschen ein behagliches Leben führen, ohne es für nachfolgende Generationen schwerer zu machen, ein ähnliches Maß an Wohlstand zu erreichen. Ein Wohlstand, der sich auf Raubbau gründet, hat somit die Grenzen für bestmöglichen Wohlstand überschritten. Als ich auf dem Weg zum Plumpsklo zwischen Gartenbeet und Stall hindurchgehe, denke ich, daß Gaivoron dem Ideal ziemlich nahe kommt. Das Fehlen von Kanalisation und fließendem Wasser, um nur ein Beispiel zu nehmen, belastet die Umwelt weniger als ein Dorf im Westen.

Die Dorfbewohner selbst sehen ihre Lebensqualität natürlich längst nicht als optimal an. Sie wollen Wasser und Abflüsse, Badewannen und WC, Zentralheizung und allen Unfug. Vor jedem Hauszaun sollte ein flottes Auto stehen oder zwei, Kuh und Schwein sollten schnellstmöglich zugunsten der Waren aus der Filiale eines Selbstbedienungsladens abgeschafft werden, in dem man gegen das Geld aus einer gutbezahlten Anstellung einkaufen kann. Das kann man gut nachvollziehen, und letzten Endes ist die kreative Unzufriedenheit des Menschen, sein Drang nach Besserem, die Triebfeder hinter der ganzen Geschichte der Menschheit. Doch als ich warm und zufrieden aus der Sauna in den Sonnenuntergang wandele, wünsche ich mir, die guten Menschen von Gaivoron könnten einmal damit zufrieden sein, bereits einen optimalen Grad von Wohlstand erreicht zu haben.

Statt dessen fühlen sie sich im Vergleich mit dem Westen unterentwickelt und zurückgeblieben.

Hier unten im äußersten Süden Ussuriens erhofft man sich viel von der Nachbarschaft Japans. Der Chanka-See hat bereits die ersten ausländischen Touristen aus Westeuropa und Amerika angelockt, aber was meine ehrgeizige Gastfamilie zu lernen versucht, ist nicht Englisch oder Deutsch, sondern Japanisch. Während sie mit anderer Arbeit beschäftigt sind, hören sie einen japanischen Sprachkurs. Keine schlechte Strategie, Japaner sind oft ebenso einsprachig wie die Russen selbst. Am wichtigsten ist aber natürlich die geographische Nähe zu dem potentiellen Supermarkt. Über kurz oder lang werden Reisen nach Sibirien sinnvollerweise in den Katalogen der großen japanischen Reiseagenturen auftauchen.

Als ich in meiner Frühzeit hier unterwegs war, war die gesamte Region militärisch sensibel. Wladiwostok war so unerreichbar wie Lhasa oder Mekka. In Chabarowsk wurden Ausländer umgeladen und in den Zug nach Nachodka am Stillen Ozean gesetzt, von wo wir das Schiff nach Japan bestiegen, ohne auch nur in die Nähe der Verbotenen Stadt gekommen zu sein. Heute wird sie schon als *The Gateway to Russia* angepriesen.

In Zukunft wird man mal eben einen Abstecher über die Japanische See nach Wladiwostok unternehmen können. Wenn die Straßen erst einmal ausgebaut sein werden, kann man sich schon die vollklimatisierten Touristenbusse vorstellen, die zum Chanka-See rasen. Ich fühle mich schon jetzt als echtes Fossil, das die Strände noch ohne jegliche Bebauung erlebt hat und herumgewandert ist und Vögel beobachtet hat, einsam wie Wordsworth' Wolken. Auf dem Meer kam damals nicht ein einziges anderes Fahrzeug in Sicht.

Der Chanka-See, den ich vor mir sehe, gleicht noch immer dem See Arsenjews, wie er ihn in *Uzala der Kirgise* beschreibt.

Ich bin bis zu den Knien durch das Wasser über den schwimmenden Schilfgürteln gewatet und auf Booten durch die labyrinthischen Wasserwege dieser Schilfwelt gefahren. Der Himmel wölbt sich knallblau über uns wie kochendheißes Email, das Wasser ist noch kalt. Vögel steigen aus dem Röhricht auf, Enten, Watvögel, Reiher und östliche Arten wie Mandschurenammer und Jangtse-Papageischnabel, *Paradoxornis heudei*, der einer kräftig gebauten Bartmeise gleicht. Auf festem Boden kann man sich einigen der wenigen Mandschurenkraniche nähern, die hier brüten, oder fast ebenso seltenen Weißnackenkranichen, *Grus vipio*. Weit über den See hin sichtbar nistet in einem Baum ein orientalischer weißer Storch mit seinem charakteristischen schwarzen Schnabel. Jetzt im Mai schwirren und singen Büsche und Gehölze von den Schwärmen hier durchziehender Singvögel, Sperlinge und Pieper.

Neuerdings pflanzt man Reis auf den großen Feldern nahe dem Chanka-See. Die Aussaat ist beendet, und die Felder werden allmählich geflutet. Sie ziehen Massen arktischer Watvögel, Seeschwalben und Möwen auf ihrem Vogelzug an. Die Kraniche fallen aus den Wolken ein und picken unbedeckt auf dem Boden liegende Reiskörner. Der Reisanbau hat sich für mehrere Vogelarten als Vorzug erwiesen, und die ausgedehnten Felder geben auch den Dörfern der Gegend ein Auskommen, die wie Gaivoron nach russischen Maßstäben wohlhabend sind.

Der Chanka-See, mit großer Oberfläche, aber nur 50 Zentimeter tief, liegt in seiner Senke und wartet. Werden die Bewässerungsanlagen so effektiv arbeiten, daß sein Wasserspiegel mit katastrophalen Folgen für das Tier- und Vogelleben seiner Ufer und die Fische in den flachen Kanälen sinken wird? Wird ein rasch expandierender Tourismus die Bedenken der Umweltschützer beiseite fegen? Wird die unter der Sowjetregierung erlassene Naturschutzgesetzgebung halten?

Einst war das hier das Land der Nanaier. Sie fischten in den Gewässern – es wird gesagt, für die Nanaier habe der Lachs die gleiche Bedeutung gehabt wie das Ren für viele andere sibirische Völker – und suchten nach Ginsengwurzeln, die sie chinesischen Aufkäufern verkauften. Bis 1860 gehörten sie formell zu China, von dem sie wesentliche Elemente ihrer Kultur übernahmen. Dann wurden Russifizierung und Kollektivierung eingeleitet. Trotzdem haben die Nanaier ihre Sprache und Kultur besser bewahrt als viele andere kleine sibirische Nationalitäten.

Heute ist der wirkliche Kolonialherr der, der Geld hat. Zwischen meinen Besuchen 1991 und '93 hat sich viel verändert. Es gibt nun mehr als genug Lebensmittel und Kram zu kaufen, das Problem ist nur, daß bislang nur die wenigsten Russen an der aufgetischten Konsumorgie teilnehmen können. Aber vielleicht muß es ja so zugehen: Die Waren fungieren wie die berühmte Mohrrübe vor der Nase dessen, der sich hinaufarbeiten und die Möglichkeiten des neuen Systems nutzen will. Je mehr ich konsumiere und in mich hineinkippe, desto mehr stimuliere ich die Wirtschaft; das begreife ich ja. Aber trotzdem fühle ich mich jetzt befangener als in früheren Jahren an schlichteren Eßtischen. Als Reisendem geht es einem am besten, wenn man das ißt, was auch die Menschen um einen herum essen. Sonst schafft man eine Kluft, die man nur schwer übersteigen kann.

Es war ein freigebiger Frühling am Chanka-See. Die Gärten stehen voll, die Kühe haben nach dem Winter wieder Fleisch angesetzt, die Pferde glänzen. Der Rauch aus den Schornsteinen um die Essenszeiten riecht lecker. In der trockenen Luft wirkt der Geruch aus Schweinepferchen und Schafställen eher beruhigend und gemütlich. In allen Häusern träumt man von besseren Zeiten. Nur ein richtiger Spielverderber würde jetzt aufstehen und sagen, der Wohlstand sei jetzt groß genug.

NEBEL AUF SACHALIN

Das Wetter ist gut und sonnig, als wir den Aufstieg durch den Wald hinauf zum Tschechow-Gipfel im Süden Sachalins beginnen. Der Wald auf den Berghängen ist grün, üppig und artenreich. Die Sonne fällt in Streifen durch das Laubwerk. Ein lichtscheuer Japanbuschsänger drückt sich um die Sonnenflecken herum. Er schlägt, daß es durch den Wald echot, und zwischen seinem groben Tschock-tschock flötet er schmachtend. An seinem Vorhandensein kann also kein Zweifel bestehen, allerdings braucht es eine ganze Menge Herumschleichen im Unterholz und ein Tonbandgerät, um ihn herauszulocken. Eine weitere Rarität auf der Sibirienliste! Wie der Name andeutet, berührt der Vogel nur eben Sachalin und hat sein hauptsächliches Verbreitungsgebiet in Japan.

Drinnen im Wald geht man sehr geschützt. Als es dunkler wird, glauben wir, nur das Laubwerk werde dichter. Erst als wir höher hinaufkommen, die Bäume lichter werden und die Hänge kahler und steiler, sehen wir, daß eine dicke Wolke den Berg herabwallt. Moose und Bartflechten auf den verbleibenden Bäumen triefen vor Nässe, und der weite Ausblick über Berge und Moore, den wir uns erhofft hatten, ist bereits stark eingeschränkt. Schon bald haben wir überhaupt keine Sicht mehr. In diesem Wetter könnte man leicht auf einen Abgrund zumarschieren, ohne etwas von ihm zu ahnen, ehe ein Fuß schon darüberhängt.

Sachalin ist für seinen Nebel und sein unbarmherziges Klima berühmt. Die Ureinwohner der Insel, Oroken und Giljaken, wissen zu berichten, daß das Wetter viel besser war, ehe die Russen kamen. Danach mochte die Natur ihr sonniges Antlitz nicht mehr zeigen.

Hier befanden sich die größten und berüchtigsten Straflager der Zarenzeit. Hierher wurden in der Fortsetzung die Lagerinsassen der Sowjetmacht verschleppt. Hier wurden erbitterte Kriege geführt, bis am Ende des Zweiten Weltkriegs die Japaner vom Südteil der Insel, den sie unter ihre Kontrolle gebracht hatten, verjagt wurden.

Als ich in diesem Nebel stehe, denke ich, daß das Wetter für die Gefangenen, die hier an Land gesetzt wurden, wahrscheinlich die letzte Bestätigung dafür war, daß sie aufgehört hatten, als die Person zu existieren, die sie einmal waren. Der Nebel hat sie buchstäblich ausradiert und der Wind sie geradewegs in die Hölle geblasen. Die Hölle ist kalt, das wissen alle Russen, und den größten Teil des Jahres über ist das Wetter hier trotz des mäßigenden Einflusses des Meeres für alle Unterernährten und schlecht Gekleideten brutal.

Wir befinden uns in einer glücklichen Ausnahmezeit. Die Übergriffe haben aufgehört oder zumindest nachgelassen, und die Sonne scheint ziemlich häufig in diesem Mai 1990. Nebel und Regen haben die Vegetation zu üppiger Blüte gebracht; Sumpfdotterblumen blühen in großen Mengen auf den feuchten Wiesen. Überall rieseln Bäche und kleine Rinnsale, und an allen Bachläufen stehen kleine Knirpse und angeln plötzengroße Fische aus dem Wasser. Das ist kein müßiger Zeitvertreib, sondern vielmehr ein ernsthafter Beitrag zur Versorgung der Familien, denn auf allen Balkonen in Juschno-Sachalinsk hängen solche Kleinfische zum Trocknen an langen Schnüren aufgehängt. Die Jungen räkeln sich in der Sonne, und es geht ihnen sichtlich gut: Abenteuer in der Wildnis werden ja nicht davon kleiner, daß sie auch einen Nutzen haben.

Um diese Zeit im Frühling ist es im Landesinneren Sachalins milder als an den Küsten. An einem Tag mit Küstennebel kann es auf den Wiesen im Innern sonnig und klar sein. Frühmorgens unternimmt die Japanbekassine ihre wilden Sturzflüge über den Sumpfwiesen. Wie ein Sturzkampfbomber fällt das Männchen durch die Zeitzonen, der Luftstrom knattert im aufgespreizten Gefieder, und mit verwegenem Gehabe landet es triumphierend vor dem Weibchen. Deutlicher kann man seine Absichten nicht zum Ausdruck bringen. Ein Balzflug mit vielen Ausrufezeichen, eine Demonstration leidenschaftlicher Todesverachtung, die zu den Wundern der Natur gehört. Wir, die dabeistehen und zusehen und -hören, sind sofort hingerissen. Ein Vogel mit solcher Emphase sollte über die ganze Welt verbreitet sein, doch er hält sich auf Sachalin auf, dem äußersten Rand seines Verbreitungsgebiets, das auf der anderen Seite von Japan und den Kurilen begrenzt wird. Die Winterquartiere liegen in Australien.

Es gibt noch weitere japanische Vögel, die ein unsicheres russisches Standbein nur oder fast nur auf Sachalin haben. Besonders verliebt bin ich in den kleinen japanischen Kizukispecht. Wunderbar kompakt, hübsch gebändert in distinguiertem Schwarz, Braun und Weiß, ruft er sein gi-gi-gi von einem mächtigen Baumstamm herab. Im Innern Sachalins, in einem natürlichen Hain, hält er sich in einer Landschaft auf, wie sie in vielem einer offenen Waldlandschaft im Innern Japans ähnelt, ehe ihr tausend Jahre intensiver Landwirtschaft ihren Stempel aufdrückten.

Eine andere Art, die auf Sachalin gut zurechtkommt, ist der Narcissusschnäpper. Er ist ein Vogel, der sich wirklich gut im Betrachten seines eigenen Spiegelbilds verlieren könnte. Das Männchen sieht unverschämt gut aus. Eine knallgelbe Mondsichel über dem Auge, Oberkopf und Rücken dagegen von schwärzestem Schwarz, wiederum gelber Bürzel und kreideweiße Flügelspiegel als blendender Kontrast. Das allerschönste sind Kehle und Brust, die aus tiefem Orangerot über Orangegelb zu Schwefelgelb übergehen, ehe die Farbe vor dem Steiß in ein erlesenes Weiß austönt.

Die Insel mit der grauenvollen Vergangenheit und den rosten-
den Häfen weist also ein reiches Vogelleben und einladend
unberührte Natur mit Plätzen auf, die im Westen längst durch
Freizeiteinrichtungen verschandelt wären. Es ist ein weiteres
russisches Paradox, daß zur gleichen Zeit, da es die verheerend-
sten ökologischen Katastrophengebiete der Erde fabriziert hat
und bis zu einem Fünftel der Fläche der ehemaligen Sowjetunion als für Menschen unbewohnbar ausgewiesen werden
muß, das System andererseits und andernorts große Naturräume bewahrt hat, deren Gegenstücke im Westen längst ausge-
beutet werden. Das gleiche sehen wir im ehemaligen Ostblock,
wo eine launische und ineffektive Agrarpolitik dazu beitrug, bedeutende Feuchtgebiete zu erhalten.

Man kann nur zusehen, wie schnell die »Kräfte des Marktes«
das ändern werden. Schon jetzt wächst der Druck auf die großen
sibirischen Wälder. In Japan und Südkorea gibt es viele, die hier
abholzen wollen, und bei der dringend notwendigen Sanierung
der Landwirtschaft wird wohl auch jemand auf den Einfall kommen, die unproduktiven Feuchtgebiete trockenzulegen.

Dank dem Umstand, daß Sachalin Besuchern hermetisch
verschlossen war, kann man in einem nahezu unberührten Hin-
terland herumstreifen und in einsamer Majestät über traumhaft
schöne Strände und wilde, schwarze Klippen wandern. Wie
weit darf man als Naturfreund gehen? Sollen wir den Straflagern
und den strategischen Positionen des Kalten Krieges dafür
danken?

Ein Sträfling, der an diese verlassenen Ufer kam, erreichte
das Ende seiner Hoffnung. Die See ist fast immer grau wie Blei,
und von dort kommt der Nebel. Selbst bei ruhigem Wetter bricht
sich dort draußen unermüdlich eine schwere Brandung. Dabei
ist es eigentlich nicht weit zum Festland, und selbst Hokkaido
liegt nicht weit entfernt. Doch auf Sachalin, wie in Sibirien über-

haupt, lernt man bald, Entfernungen nicht in Kilometern, sondern in Erreichbarkeit zu messen.

Sicher kursierten unter den Gefangenen der Zaren Gerüchte von einer ganzen Kolonie von Russen in Amerika, die von Sachalin nach Hokkaido geflohen und dann von amerikanischen Walfängern mitgenommen worden waren. Auch Ausbrüche innerhalb Sachalins waren nichts Außergewöhnliches, berichtet Tschechow, und es gab Gewohnheitsausbrecher, die immer wieder in die Taiga entliefen, eingefangen und ausgepeitscht wurden, sich erholten und wieder flohen. Doch die Welt draußen existierte dennoch meist nur als Traum, und die Sträflingslager funktionierten wie havarierte Raumschiffe, die durch die Galaxis treiben.

In der Neuzeit waren die geschlossenen Gebiete Sibiriens und Sachalins so lange isoliert, daß man mit gutem Grund daran erinnern sollte, daß es nicht immer so war. Schon in prähistorischer Zeit gab es lebhafte Kontakte zwischen Sachalin und dem Festland oder auch Sachalin und Hokkaido. Oroken und Giljaken besaßen Stammverwandte jenseits des Tatarensunds, und man glaubt, daß die Ainu Sachalin vor mehr als zehntausend Jahren besiedelten, als sie in ihren Booten von Hokkaido herüberkamen.

Niemand weiß so richtig, woher die Ainu und ihre Sprache kommen. Sie unterscheiden sich beträchtlich von den Japanern und haben ein deutlich »europäischeres« Aussehen als diese. Eine Theorie besagt, sie seien die autochthone Bevölkerung Japans und von den Vorläufern der heutigen Japaner nach Norden abgedrängt worden. Sprachlich weisen die Ainu keine direkten Verbindungen zu anderen Völkern auf, und ihr Ursprung ist noch immer ein Rätsel.

Während ihrer gesamten Geschichte waren die Ainu Fischer, Jäger und Sammler. Auf Sachalin lebten sie zumindest in späterer Zeit in festen Siedlungen. Besonders ausgeprägt war bei ihnen der Bärenkult, den sie mit vielen sibirischen Völkern teilen. Bei den Ainu zog man Bärenjunge in Gefangenschaft auf und behandelte sie gut und liebevoll als geehrte Mitglieder des Haushalts. War ein Bär ausgewachsen, versammelte sich die Dorfbevölkerung zu einem Fest und opferte ihn dem »Gott der Berge«, was im übrigen auch eine ehrende Bezeichnung für die Bären selbst war. Man bat den Bären, sich an die gute Behandlung zu erinnern und dem Gott davon zu berichten, damit er seinem Volk auch in Zukunft milde gestimmt bleibe. Das langsame Töten des Bären mit Pfeilen und sein hinausgezögertes Leiden und Sterben haben eine merkwürdige Ähnlichkeit mit christlicher Mystik. Im Christentum ist es Christus, selbst göttlich, der leidet und für unsere Erlösung stirbt. In der Kultur der Ainu ist es der Bär, selbst Gott der Berge, der wieder und wieder für den Fortbestand des Volkes leidet und stirbt.

Dieser Fortbestand hing oft genug am seidenen Faden. Heute gibt es nur noch Reste der nie volkreichen Ainu. Sie leben auf Hokkaido. Als Japan seine Besitzungen in Südsachalin zum Ende des Weltkriegs abtrat, flohen die Ainu nach Japan. Die Mehrzahl ihrer Ortschaften hatten im japanischen Teil der Insel gelegen, und die meisten von ihnen kamen mit Japanisch zurecht. Eine interessante Beleuchtung der Sprachverhältnisse bei den Ainu erhalten wir von dem Finnen Ludvig Munsterhjelm, der 1913 (in einer anderen Art und Weise als die Ainu) auf Sachalin jagte und sammelte. Er zeigte sich von den Sprachkenntnissen der Ainu sehr beeindruckt und notierte, daß dieses primitive Analphabetenvolk im allgemeinen drei Sprachen sprach: Ainu, Japanisch und Russisch.

Obwohl die Japaner die Ainu als »ihr« Volk betrachteten, waren sie nicht gerade wohlwollende Kolonialherren. Munsterhjelm führt Beispiele für ihre Überheblichkeit und Arroganz an, und seiner Meinung nach waren auch die Japaner an der Verbreitung der Syphilis schuld, die den Fortbestand der Ainu ernsthaft bedrohte.

In Übereinstimmung mit den meisten gebildeten Europäern seiner Zeit sah Munsterhjelm die Ainu als zum Aussterben verurteilt an – auf die gleiche Weise wie »wilde« Völker in anderen Teilen Asiens, in Afrika, Australien und Amerika dazu verurteilt schienen, vor einer fortgeschritteneren, überlegenen Kultur unterzugehen. Es ist tröstlich, achtzig Jahre später feststellen zu können, daß die meisten der im 19. Jahrhundert für tot erklärten Völker durchaus noch am Leben sind. Die Sprachen haben sich ebenfalls als bedeutend zäher und lebensfähiger erwiesen, als man in gelehrten hegelianischen Salons für möglich hielt.

Es gibt die Ainu noch, jedenfalls einen Splitter in Japan. 1974 erschien eine interessante Studie (von Ohnuki-Tierney), die das Schicksal der von Sachalin nach Hokkaido Evakuierten verfolgt. Mit Unterbrechungen und an isolierten Orten überlebte ihre Tradition, sogar ein Rest Schamanismus war noch zu finden.

Es sollte für uns selbstverständlich sein, daß die Urvölker etwas besonders Kostbares sind. Sie stellen eine greifbare Erinnerung daran dar, wie wir auf der Erde leben sollten: Als eine Art unter anderen, als bescheidener Bestandteil einer unschätzbaren Vielfalt. In einer solchen Welt hat alles in der Natur Geist und Seele, und durch den Schaffensakt wird auch alles von Menschenhand Geschaffene beseelt. Es gibt keine sogenannte »tote Materie«. Statt dessen gibt es die Einsicht, daß wir alle aus derselben lebenden Materie kommen und die Natur der Nährboden für die Kultur ist. Keine Ressource ist automatisch erneuerbar, sie erfordern eine richtige Lebensführung und einen richtigen Umgang. Die Weltanschauung, die hier zum Ausdruck kommt, wird heute gesunde Ökologie genannt.

Die derzeitige Gesellschaft Sachalins ruht auf anderen Prämissen. Nur wenige der Russen, die hierher kamen, taten das aus freien Stücken. Der Name steht als Synonym für Deportation und Erniedrigung. Im Wiederaufbau nach dem Zweiten Weltkrieg geriet vieles von Anfang an aufgeblasen, halbherzig und baufällig. Was aus der Kriegszeit noch übrig ist, Betonwälle entlang der Küste, vereinzelte japanische MG-Nester im Süden, Betonklötze gesprengter Bunker, ist Beleg für das, was geschieht, wenn man die Natur in strategische Zonen verwandelt.

Auch in solchen Gesellschaften kann man leben. Das ist Beweis für die lebensgefährliche Anpassungsfähigkeit der menschlichen Art und zugleich für die Größe jedes Individuums, sich irgendwie einzurichten. Ich weiß, daß es hinter den Betonfassaden von Juschno-Sachalinsk, die Besucher so deprimierend finden, wohnlich eingerichtete Heime gibt.

Andere Beobachter als ich haben angemerkt, daß die Russen wenig Gespür für die gemeinsame äußere Umgebung aufbringen. Der private Raum, das Zuhause, ist Gegenstand einer ganz anderen Fürsorge. Die Wohnung, sagt die Theorie, war der Ort, an den sich der Sowjetmensch zurückzog und zum Individuum wurde; außerhalb davon bewegte er sich anonym und nur unter Protest.

Jetzt atmet Sachalin auf, der Druck hat nachgelassen, und man versucht ein neues und differenzierteres Wirtschaftsleben aufzubauen. Es gibt nach wie vor Bodenschätze und über die ererbte marode Industrie hinaus einige Fischverarbeitungsanlagen und ein paar moderne Hotels. In einigen Fischerdörfern versucht man in kleinem Stil touristische Einrichtungen anzulegen. Als wir uns dort im Mai 1990 aufhielten, waren sie zur Hälfte fertig, und wenn es so geht, wie es in Rußland üblich ist, sind sie immer noch halbfertig, aber im Kopf von irgend jemandem bestehen sie weiter als Pläne und Ideen.

Ich denke mir, daß man in Sachalin nach und nach Museen

über die Gefängnisse und Lager aus Zaren- und Sowjetzeit einrichten wird. Man hat einen großen Namen wie Tschechow, und es gibt eine Flut neuerer Literatur, auf die man sich zur Konkretisierung von Stalins Lagern stützen kann. Man stelle sich vor, Gefangenenlager fänden tatsächlich nur noch museales Interesse als Anschauungsmaterial einer unaufgeklärten Vorzeit! Man denke sich eine echte Klagemauer, an der die Russen ihre Toten und ihr eigenes Leben beweinen könnten!

Für alles, was wir tun, muß es auch einen persönlichen Antrieb geben. Tschechow zum Beispiel kam nicht nur nach Sachalin, um zu dokumentieren, sondern auch um die eigene Kreativität wiederzufinden. Ich bin nicht ganz sicher, ob ihm das gelungen ist; bei der Lektüre stellt sich zuweilen das Gefühl ein, er habe sein Buch über Sachalin selbst als mißglückt angesehen. Wir finden im Paradox einen Sinn: Durch das, was er auf Sachalin vorfand, erneuerte der Schriftsteller nicht sein Leben; aber das Werk, das er aus seinem eigenen gefühlsmäßigen Scheitern heraus schrieb, bekam eine Durchschlagskraft, die weit über die Grenzen Rußlands hinausreichte. Eine ähnliche Bedeutung erlangte in unserer eigenen Zeit der *Archipel Gulag* Solschenizyns, unmittelbar aus dem Herzen der Lager geschrieben.

In beiden Fällen ist es schockierend zu sehen, wie lange es dauert, ehe sich eine Erkenntnis durch ihre Schale ins allgemeine Bewußtsein drängt. Die Veränderung ist eine tapfere Schnecke, die sich vorgenommen hat, persönlich die Botschaft von dem, was wirklich geschah, vom einen Ende Sachalins bis zum anderen zu verbreiten. Unverzagt macht sie sich auf den Weg.

ATLAS IN MOSKAU

In Sibirien, außerhalb der Industriezonen, gibt es Platz. Es gibt Fischgewässer, Wälder, in denen man Beeren sammeln kann, Nüsse, Pilze und Kiefernzapfen, etwas bebaubaren Boden. In Sibirien hat ein tüchtiger Mann noch Möglichkeiten, über die Runden zu kommen. Von den tüchtigen Frauen, die Rußland zu allen Zeiten getragen haben, ganz zu schweigen.

Not und Misere, zornige Erschöpfung, die gereizte Raserei gibt es hingegen in den Städten. Bislang haben Öffnung und Demokratisierung meist nur erreicht, daß die Kriminalität legalisiert wurde. Marktwirtschaft bedeutet in Moskau vor allem Wucher, Ausbeutung und Betrug. Wer clever ist, macht Geschäfte. Wer nicht clever ist, hat selber Schuld.

Wer nicht clever ist, taugt gut als Handelsware. Im Juni 1990 sitze ich in der Lobby eines der großen Moskauer Touristenhotels und will weiter zum Bahnhof und dem Zug heim nach Finnland. Um nicht zu abfällig zu urteilen, versuche ich mir eine Strophe von Fröding vorzusagen:

Ich kaufte mir Liebe für Bargeld,

für mich war sie anders nicht feil.

Singt schön, ihr klingenden Saiten,

singt schön von der Liebe gleichwohl.

Aber ich rege mich nur auf und sage mir, das hier könne man wohl nicht Liebe nennen, niemals. Mit Erleichterung mache ich mich auf den Weg. Ich schleppe mein Gepäck nach draußen und frage auf Russisch einen Taxifahrer, was die Fahrt zum Leningrad-Bahnhof koste.

»Vierzig Dollar«, sagt er und guckt stur.

Ich mache es wie in Afrika und biete fünf. Er lacht höhnisch.

»Vierzig Dollar!« rufe ich. »Es sind höchstens anderthalb Kilometer bis zum Bahnhof.«

Er grinst und zuckt die Achseln. Ich frage den nächsten in der Reihe, der grinst und sagt: »Vierzig Dollar.« Aus den anderen Taxis recken sich weitere Visagen, die bloß darauf warten, ebenfalls »vierzig Dollar« sagen zu können. In einer besseren Welt würde man so etwas Solidarität nennen.

Sie glauben, sie haben mich am Wickel. Ich habe so viel Gepäck, daß ich nicht gerade davonspazieren kann. Ich werde von einem Gelächter erregenden, aber gleichwohl heiligen Zorn gepackt. Wer bin ich, wenn nicht der Mensch aus den Weiten, der seine Freiheit in Sibirien aufgegeben hat, um persönlich den Augiasstall Moskau auszufegen?

Hier muß unter Wucherern und Spekulanten, unter Gewinnlern und Mafiosi mit eisernem Besen gefegt werden. Wer für eine solche Kurzstrecke vierzig Dollar abkassieren will, ist kein Bedürftiger, sondern ein Aussauger, der eine Lektion verdient. Ich schnaube und schultere mein Gepäck. Da draußen in der Weite lernen wir, daß ein gestandener Kerl allein zurechtkommt, und noch habe ich nicht gegen das erste Gebot des Reisenden verstoßen, das besagt: Nimm nie mehr mit als du selbst zu tragen vermagst!

In meinem Unbehagen im Hotel war ich alle Fluchtmöglichkeiten durchgegangen. Ein Stück die Straße hinunter liegt eine U-Bahn-Station, und ich weiß, daß ich zum Leningrad-Bahnhof nicht umsteigen muß. Ich verlasse die Taxischlange als unabhängiger und aufrechter Mensch und bahne mir meinen Weg zur U-Bahn.

Ich trage den Rucksack auf dem Rücken und die Kameratasche vor dem Bauch. Wie ein widerspenstiges Ferkel folgt mir mein Reisekoffer auf zwei Rädern. Er ist vollgestopft mit Stiefeln, wattierten Jacken, mit von Matsch und Sumpfschlamm verdreckten Hosen, der schmutzigen Wäsche eines ganzen Monats.

Wer mir den klaut, wird sein blaues Wunder erleben, denke ich, immer noch wütend, während ich mir überlege, wie ich die ganze Bagage die Treppen zur U-Bahn hinabkriege.

Da werde ich von einer der rumänischen Zigeunergangs umzingelt, die durch Moskau ziehen und vor den Touristenhotels herumlungern, bis die Polizei sie vertreibt.

Der Mann aus den Weiten zuckt zurück. Mit seiner freien, wilden Nase riecht er den Unterschied zwischen dem Geruch ehrlich arbeitender Menschen und dem unbeschreiblichen Gestank der Moskauer Müllhalden. Diese Menschen hier sind verzweifelt, sie schreien einschüchternd und halten mich an, ein vielleicht zehn Jahre altes Mädchen weint und schreit und wirft sich vor mir zu Boden.

»Gib!« kreischt es in bedrohlicher Verzweiflung. »In Jesu Christi Namen!« brüllen sie wie einen Fluch heraus. Das Mädchen vor mir hüpft und zappelt und heult und flennt. »Geben!« fordern sie.

Der Mann aus den Weiten reitet davon und nimmt den Zorn mit sich. Ich bleibe zurück mit meinem chronisch schlechten Gewissen. Wenn die Gnade Gottes nicht wäre oder wenn die sozialen Ungerechtigkeiten nicht zu meinem Vorteil gearbeitet hätten, wäre ich wie sie. Ich verachte mich selbst dafür, daß ich sie abstoßend finde. Mein Bedürfnis nach Abstand und Ruhe ist ein Luxus, den ich pflegen durfte. Und ich tue das, wovon sie genau wußten, daß ich es tun würde.

Ich setze den Koffer ab. »Wartet«, sage ich, und es ist möglich, daß sie sich ein paar Zentimeter zurückziehen. Ich grabe Geld aus der Kameratasche, und sie rauben mich nicht aus, sondern warten, bis ich die Rubelscheine hervorgeholt habe und mit der Verteilung beginne. Bald ziehen sie sich zurück, und die Frauen rufen Segenswünsche.

Wie lange hat es gedauert? Ein paar Minuten? Ich bin naßgeschwitzt und zerschlagen, als hätte ich den ganzen Tag mit dem Dreschflegel gedroschen. Letzte Nacht bin ich per Flugzeug von Jakutsk gekommen, und der Tag hat sich um acht Stunden verlängert. Ich weiß gar nicht mehr, wann ich zuletzt geschlafen habe. Ich fühle mich vollständig unzurechnungsfähig und hoffe nur, daß ich mit meinem Gepäck und meinem Verstand an Bord des Zuges komme.

In der U-Bahn werde ich von einer Frau angesprochen, die den Zwischenfall mit den rumänischen Zigeunern beobachtet hat. Sie ist eine typische Moskauerin, kräftige, weiße Beine unter einem strammsitzenden, schwarzen Rock, Kartoffelfigur, ein strenges, bleiches Gesicht und straff zurückgekämmtes Haar. In ihrem Schlepptau hat sie ein bohnendürres Mädchen von vielleicht elf Jahren.

»Das hätten Sie nicht tun sollen«, sagt die Frau. Sie hält mir eine lange und ausführliche Strafpredigt, und ich verstehe, daß sie meint, ich würde die Leute zum Betteln ermuntern. Wenn es nicht Leute wie mich gäbe, wären sie gezwungen, sich eine ehrbare Arbeit zu suchen. Ob ich etwa glaube, daß die arbeiten wollten? Aber nein, es sei viel lukrativer, durch die Straßen zu streunen und zu betteln. Trotz ihrer Lumpen und ihrer Schmuddeligkeit wären sie wahrscheinlich reicher als irgendwer von den anständigen Menschen in der Moskauer U-Bahn.

Mein Russisch ist noch immer so beschränkt, daß es mir keine Entgegnungen oder ausführlichen Kommentare erlaubt. In allen Belangen muß ich mich kurz fassen. Entschuldigend lächelnd hebe ich die Schultern, so weit es mein Gepäck erlaubt, und sage: »*Snaju. No tschto delat?*« (Ich weiß, aber was will man machen?)

Die Frau fängt wieder von vorne an und schimpft erneut los. Sie sagt Dinge über Zigeuner, die man gut und gern rassistisch nennen kann. Sie verschließt die Augen vor dem wirklichen Elend, das durch Moskaus Straßen zieht, und nennt die, die sich nicht an ein ehrbares Leben klammern, Schmarotzer. Und dann behauptet sie, Gorbatschow sei an dem ganzen Elend und dem Chaos schuld, in das er das leidende russische Volk gestürzt habe.

Während sie redet, werfe ich manchmal ein »*Ponjimajo*« (ich verstehe) ein. Im Anfang ist es nur ein höfliches Signal, daß ich ihr zuhöre; doch dann merke ich, wie ich es mit Sympathie sage, weil ich sie nämlich wirklich verstehe. Zu meinem eigenen Erschrecken sehe ich mich dastehen und Einverständnis nicken. Ich stimme ihr nicht in dem zu, was sie sagt, aber ich verstehe die Empörung, die sie treibt, ich sehe den bedrückenden Berg an Lasten, den sie zu tragen hat.

In ihrer politischen Analyse klingt die Frau wie eine Stalinistin oder, wieso nicht, wie ein Nazi. Als Privatmensch ist sie erschöpft, überlastet von ihrer Verantwortung. Es ist etwas an ihr, das ich im tiefsten kenne: So sieht ein Mensch aus, der erst die große Freude verloren hat und dann auch die kleinen. So äußern sie sich manchmal in ihrer Verzweiflung.

Je älter ich werde, desto weniger glaube ich an die Bedeutung dessen, was die Menschen sagen. Wie sie sich verhalten, ist das Wesentliche. Der Grund, weshalb ich diese Frau, die hier so ausdauernd herumzetert, mit Sympathie betrachte, liegt darin, daß ich auf den ersten Blick erkenne, daß sie eine grundanständige, ehrliche und verläßliche Person ist. Es sind Frauen von diesem Schlag, die die Welt auf ihren Schultern tragen und dafür sorgen, daß sie sich dreht.

Während sie mich beschimpft und ich sage, daß ich verstehe, beginnt sie mich ein klein wenig freundlicher zu betrachten. Vielleicht sieht auch sie einen Menschen, dem sie ohne weiteres ihr Kind anvertrauen könnte. Schließlich fragt sie, wo ich hin wolle. Sie läßt ihren eigenen Zug fahren und kümmert sich darum, daß ich den richtigen erreiche. Ich danke, und als sich die Türen schließen, lächele ich und hebe die Hand.

Weder die Frau noch das Mädchen lächeln zurück. Sie stehen da ernst und bedrückt im Untergrund Moskaus, während ich eine weitere Etappe auf dem Weg in ein Land zurücklege, in dem man es sich noch leisten kann, liberale Ansichten zu haben.

Ein wenig durcheinander denke ich über das Schreckliche daran nach, daß die Anhänger totalitärer Unterdrücker so oft nette Menschen sind, die Ruhe und Ordnung lieben, und keineswegs solche, die ihre Nachbarn ausgewiesen, gefoltert und ermordet sehen wollen. Viel deutlicher aber sehe ich das Bild der Frau vor mir. Je länger man lebt, umso häufiger muß man die Mythen revidieren, mit denen man aufgewachsen ist.

Zum Beispiel den von Atlas. Es ist viel wahrscheinlicher, daß er eine Frau war, und mit größter Sicherheit eine Russin.

SCHLUSSWORT

Am Ende der großen Bahnlinien in Moskau liegen Leningrad-, Kazan- und Jaroslawl-Bahnhof in einem Bogen angeordnet. Ich schaffe leicht einen kurzen Abstecher zum Jaroslawl-Bahnhof, ehe ich den Zug nach Helsingfors im Leningrad-Bahnhof besteigen muß.

Ich besitze eine hübsch kolorierte Ansichtskarte des Jaroslawl-Bahnhofs aus der Zarenzeit. Damals war es ein neu erbautes Monument des ausgehenden 19. Jahrhunderts, massiv und stattlich, ein veritabler letzter »Gruß aus Moskau«, ehe der Zug ins wilde Sibirien hinausstürzte.

Der Bau ist noch immer massiv, sieht inzwischen aber mehr einer dieser aufgegebenen Konstruktionen ähnlich, die auf der Erde zurückbleiben, wenn wir sie verlassen haben werden. Jeder, der in dem kränklich blassen Licht ein- und ausgeht, sieht aus wie der letzte Mensch, so extrem vereinzelt ist das Leben im heutigen Moskau.

Züge laufen noch immer mit Getöse ein und aus. Es ist tröstlich zu wissen, daß man wenigstens noch irgendwohin reisen kann. Der *Rossija* der Transsib steht noch nicht auf seinem Gleis; schon damals war es ein Rätsel für mich, warum er so spät abfährt. Nervös und blind in der Dunkelheit, muß man durch eine fremde Stadt zu einem schlecht erleuchteten, riesenhaften Bahnhof finden und dort auch noch das richtige Gleis und den richtigen Waggon ausfindig machen. Ob das mit Absicht so arrangiert ist? Jedenfalls empfindet man kein Zuhause als sicherer als das Abteil, das man schließlich mit Erleichterung belegt, beruhigender ist keine Bewegung als der Ruck, mit dem sich der Zug am Ende in Bewegung setzt.

Ich erinnere mich an die englische Stimme, die draußen auf

dem Bahnsteig sagte: »*Excuse me ...*« Ich drehte mich um, froh, daß es wenigstens noch einen weiteren des Englischen mächtigen Reisenden gab. Das war nicht in einem anderen Leben, ich fühle mich nicht fremd gegenüber der, die ich damals war. Aber es ist lange her. Das sehe ich, als ich den verfallenden Bahnhof betrachte. Mein Bahnhof hatte mehr mit dem aus der Zarenzeit gemein als mit dem heutigen. Die Erste-Klasse-Wagen trugen außen noch Spuren des entfernten kaiserlichen Monogramms, und die durchgesessenen Polsterbänke hatten noch ihre verschlissenen Überzüge in Art-nouveau-Dekor.

Ich fühle mich nicht sonderlich sentimental, während ich mich erinnere. Eher stehe ich da wie eine Kuh oder wie eine Kamera auf einem Stativ oder wie sonstwas und halte mir die Sehnsucht vom Leib. Ich bin bloß hier, um Zeit totzuschlagen, und bald genug bahne ich mir einen Weg zurück zum Leningrad-Bahnhof.

Neurotisch früh stehe ich im Nieselregen auf dem Bahnsteig und fixiere den Punkt, an dem der Zug nach Helsingfors erscheinen muß. Ich begreife, daß die Hoffnung in Rußland so kurzsichtig ist, am Ende wird man so müde, daß man nur noch darauf hofft, sich endlich hinlegen zu dürfen. Es ist zu viel geschehen, als daß man noch die Kraft hätte, sich auf dem laufenden zu halten, sagen die Leute. Es ging alles zu schnell, es war schrecklich. Kurzfristig rollen jetzt die Kräfte des freien Marktes zermalmend über das Leben der einfachen Leute hinweg, sie erscheinen genauso bedrohlich wie seinerzeit Stalins Kommandowirtschaft. Dereguliere die Preise, laß die Inflation galoppieren, verkauf deine Alte, schlachte die Kulaken, baue den Gulag aus – alles scheinen Bestandteile ein und desselben Komplexes zu sein.

In der Nacht fliehen die Fernzüge aus Moskau. Ich steige in den Helsingfors-Expreß, und bald darf man auch den Transsibirien-Expreß entern. Im Dunkeln rollen sie einem anderen Leben entgegen.

Man beruhigt sich, man legt sich schlafen, es gibt Zeit. Die Stadt verschwindet, ihre gesamte ausgezehrte Umgebung. Dann wird es finster und Morgen. Draußen liegt jetzt eine schöpferische Welt, die Sauerstoff und Nahrung produziert und eine artenreiche Vielfalt unterhält. Wir sind alle Bestandteile derselben Materie, und darum gibt es in allem, was wir sehen, etwas, das wir wiedererkennen. Wenn du durch das Fenster nach draußen blickst, siehst du durch dein undeutliches Spiegelbild hindurch auf all das, was du auch bist. Wir tragen eine lange Erfahrung in uns. Die meisten von uns haben noch eine Erinnerung daran, wie es ist, Flügel zu haben.

LITERATURAUSWAHL

Andersson, Hans: Taiga och tundra, 1977
Arsenjew, Wladimir: Dersu Uzala, 1946
Bawden, C.R.: The Modern History of Mongolia, 1968
Becker, Jasper: The Lost Country. Mongolia Revealed, 1992
Castrén, M. A.: Reseberättelser och bref åren 1845–1849, 1855
Chernow, Ju. I.: The Living Tundra, 1980
Czaplicka, M. A.: Aboriginal Siberia. A Study in Social Anthropology, 1914
Mircea, Eliade: Shamanism. Archaic Techniques of Ecstasy, 1982
Flint, V. E. (u.a.): A Field Guide to Birds of the USSR, 1984
Sechin, J. / Hyer, Paul: Mongolia's Culture and Society, 1979
Kennan, George: Tent Life in Siberia, 1871
Knystautas, Algirdas: The National History of the USSR, 1987
Knystautas, A. / Liutkus, A.: In the World of the Birds, 1982
Knystautas, A. / Sibnev, J.: Die Vogelwelt Ussuriens, 1987
Levin, M. G. / Potapov, L. P.: The Peoples of Siberia, 1956
Matthiessen, Peter: Baikal. Sacred Sea of Siberia, 1992
Mowat, Farley: The Siberians, 1971
Munsterhjelm, Ludvig: Färder i Fjärran Östern, 1922
Nordenskjöld, A. E.: Vegas färd kring Asien och Europa, del 1 & 2, 1880/81
Ohnuki-Tierney, Emiko: The Ainu of the Northwest Coast of Southern Sakhalin, 1974
Palmén, J. A.: Bidrag till kännedom om sibiriska Ishafskustens fogelfauna enligt Vegaexpeditionens iakttagelser och samlingar, 1887
Petri, K. / Sjögren, M.: Resan till Sachalin, 1992
Prschevalskij, N. M. / Hedin, S.: General Prschevalskijs forskningsresor i Centralasien, 1891
Pukinski, Juri: In der Ussuri-Taiga. Suche nach dem Riesenfischuhu, 1975
Pälsi, Sakari: Pohjankävijän päiväkirjasta. Matkakuvauksia Beringiltä, Anadyrilta ja Kamtsatkasta, 1982
Ramstedt, G. J.: Sju resor i Östern 1898–1912, 1961
Rawics, S. / Downing, R.: The Long Walk, 1956
Rosen, A. v.: Aus den Memoiren eines russischen Dekabristen, 1869
Sage, Bryan: The Arctic and its Wildlife
St. George, George: Siberia the New Frontier, 1970
Solschenizyn, Alexander:
– Ein Tag im Leben des Iwan Denissowitsch, 1962
– Krebsstation, 1968
– Der erste Kreis der Hölle, 1968
– Der Archipel GULAG, 1973
Sparks, John: Realms of the Russian Bear. A Natural History of Russia and the Central Asian Republics, 1992
Stewart, John Massey: The Nature of Russia, 1992
Storå, Nils: Massfångst av sjöfågel i Nordeurasien. En etnologisk undersökning av fångstmetoderna, 1968

Sutherland, Christine: The Princess of Siberia, 1984
Thordeman, Bengt: Marco Polos resor i Asien 1271–1295, 1982
Tschechow, Anton: Sachalin
Troyat, Henri: Anton Tjechov. En biografi, 1984
Vaughan, Richard: In Search of Arctic Birds, 1992
Jewtuschenko, Jewgenij: Divided Twins. Alaska and Siberia, 1988

ARTENLISTE DER IM TEXT ERWÄHNTEN VÖGEL

Alaskastrandläufer	Calidris mauri
Alpenschneehuhn	Lagopus mutus
Altaikönigshuhn	Tetraogallus altaicus
Amurfalke	Falco amurensis
Amsel	Turdus merula
Auerhuhn	Tetrao urogallus
Bandammer	Emberiza fucata
Bartgeier	Gypaetus barbatus
Bartkauz	Strix nebulosa
Bartrebhuhn	Perdix dauuricae
Baßtölpel	Sula bassana
Baumfalke	Falco subbuteo
Bekassine	Gallinago gallinago
Bergbraunelle	Prunella montanella
Beutelmeise	Remiz pendulinus
Bindenseeadler	Haliaeetus leucoryphus
Bläßgans	Anser albifrons
Blauelster	Cyanopica cyana
Brauenrohrsänger	Acrocephalus bistrigiceps
Buchfink	Fringilla coelebs
Buntspecht	Dendrocopus major
Dickschnabellumme	Uria lomvia
Dohle	Corvus monedula
Dreizehenmöwe	Rissa tridactyla
Eiderente	Somateria mollissima
Eisente	Clangula hyemalis
Eismöwe	Larus hyperboreus
Eissturmvogel	Fulmarus glacialis
Elsterweihe	Circus melanoleucus
Falkenraubmöwe	Stercorarius longicaudus
Feldsperling	Passer montanus
Felsenauerhuhn	Tetrao urogalloides
Felsentaube	Columba livia
Fischadler	Pandion haliaetus
Gänsegeier	Gyps fulvus
Gelbbrauenammer	Emberiza chrysopphrys
Gelbbrauenlaubsänger	Phylloscopus inornatus
Gelbkehlammer	Emberiza elegans
Gelbschnabeleistaucher	Gavia adamsii
Gelbschopflund	Lunda cirrhata
Gerfalke	Falco rusticulus
Goldhähnchenlaubsänger	Phylloscopus proregulus

Graubruststrandläufer	Calidris melanotus
Graumennigvogel	Pericrocotus divaricatus
Grauwangendrossel	Catharus minimus
Großer Schlammläufer	Limnodromus scolopaceus
Gryllteiste	Cepphus grylle
Hausspatz	Passer domesticus
Hodgsons Sperberkuckuck	Cuculus fugax
Hopfkuckuck	Cuculus saturatus
Hornlund	Fratercula corniculata
Jangtse-Papageischnabel	Paradoxornis heudei
Japanbekassine	Gallinago hardwickii
Japanbuschsänger	Cettia diphone
Japanische Wachtel	Coturnix Japonica
Kaiseradler	Aquila heliaca
Kaisergans	Anser canagicus
Kampfläufer	Philomachus pugnax
Kanadakranich	Grus canadensis
Kizukispecht	Dendrocopus kizuki
Klippentaube	Columba rupestris
Kohlmeise	Parus major
Krabbentaucher	Plautus alle
Krähenscharbe	Phalacrocorax aristotelis
Kranich	Grus grus
Kuckuck	Cuculus canorus
Küstenseeschwalbe	Sterna paradisaea
Lachmöwe	Larus ridibundus
Langzehenstrandläufer	Calidris subminuta
Lasurmeise	Parus cyanus
Löffelstrandläufer	Calidris pygmaea
Mandarinente	Aix galericulata
Mandschurenammer	Emberiza yessoensis
Mandschurenkranich	Grus japonensis
Mandschurenrohrdommel	Ixobrychus eurythmus
Mangrovenreiher	Butorides striatus
Marmelalk	Brachyramphus marmoratus
Maskenammer	Emberiza spodocephala
Maskenkernbeißer	Eophona personata
Mauersegler	Apus apus
Meerscharbe	Phalacrocorax pelagicus
Merlin	Falco columbarius
Middendorff-Schwirl	Locustella ochotensis
Mönchskranich	Grus leucogeranus
Mornellregenpfeifer	Charadrius morinellus
Moorschneehuhn	Lagopus lagopus
Narcissusschnäpper	Ficedula narcissina
Naumanndrossel	Turdus naumanni
Nordamerikanische Pfeifente	Anas americana
Nordischer Laubsänger	Phylloscopus borealis

Odinshühnchen	Phalaropus lobatus
Ohrenlerche	Eremophila alpestris
Orientalischer Drosselrohrsänger	Acrocephalus arundinaceus orientalis
Orientbrachseeschwalbe	Glareola maldivarum
Ostroller	Eurystomus orientalis
Papageitaucher	Fratercula arctica
Petschorapieper	Anthus gustavi
Plüschkopfente	Somateria fischeri
Polarbirkenzeisig	Acanthis hornemanni
Prachteiderente	Somateria spectabilis
Rabenkrähe	Corvus corone corone
Raubseeschwalbe	Sterna caspia
Rauhfußbussard	Buteo lagopus
Reliktmöwe	Larus relictus
Riesenknutt	Calidris tenuirostris
Riesenseeadler	Haliaeetus pelagicus
Ringelgans	Branta bernicla
Rohrdommel	Botaurus stellaris
Rohrweihe	Circus aeruginosus
Rosengimpel	Carpodacus roseus
Rosenmöwe	Rhodostethia rosea
Rostflankenbrillenvogel	Zosterops erythropleura
Rothalstaucher	Podiceps grisegena
Rotkehlstrandläufer	Calidris ruficollis
Rotschnabelalk	Cyclorrhynchus psittacula
Saatgans	Anser fabalis
Schafstelze	Motacilla flava
Scheckente	Somateria stelleri
Schelladler	Aquila clanga
Schmarotzerraubmöwe	Stercorarius parasiticus
Schneeammer	Plectrophenax nivalis
Schnee-Eule	Nyctea scandiaca
Schneegans	Anser caerulescens
Schneegeier	Gyps himalayensis
Schopffalk	Aethia cristatella
Schwanengans	Anser cygnoides
Schwarzschnabelstorch	Ciconia boyciana
Schwarznackenpirol	Oriolus chinensis
Schwarzspecht	Dryocopus martius
Schwirrnachtigall	Luscinia sibilans
Seeadler	Haliaeetus albicilla
Seidenschwanz	Bombycilla garrulus
Sibirischer Meisengimpel	Uragus sibiricus
Sichelstrandläufer	Calidris ferruginea
Silberalk	Synthliboramphus antiquus
Singschwan	Cygnus cygnus
Spatelraubmöwe	Stercorarius pomarinus
Sperbereule	Surnia ulula

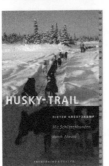